Ueber

Brasilianische Zustände der Gegenwart,

mit Bezug

auf die deutsche Auswanderung nach Brasilien

und

das System der brasilianischen Pflanzer, den Mangel an afrikanischen Sklaven durch deutsche Proletarier zu ersetzen,

zugleich

zur Abfertigung der Schrift des Kaiserl. brasil. Prof. Dr. Gade: Bericht über die deutschen Kolonien am Rio preto.

Von

S. Gottfried Kerst.

Berlin, 1853.
Verlag von Veit u. Comp.

Ueber
Brasilianische Zustände
der Gegenwart,

mit Bezug

auf die deutsche Auswanderung nach Brasilien

und

das System der brasilianischen Pflanzer, den Mangel an afrikanischen Sklaven durch deutsche Proletarier zu ersetzen,

zugleich

zur Abfertigung der Schrift des Kaiserl. brasil. Prof. Dr. Gade: Bericht über die deutschen Kolonien am Rio preto.

Von

S. Gottfried Kerst.

Berlin, 1853.
Verlag von Veit u. Comp.

„Es steht freilich nicht gut, sich selbst zu loben, aber ich sage es nur, weil es Wahrheit ist. Ich glaube, den Ruf zu haben, daß ich die schönsten Neger mitbringe, die zu haben sind — wenigstens ist es mir ins Gesicht gesagt worden und nicht einmal, sondern mehr denn hundertmal, — sie sind alle von guter Constitution, dick und ansehnlich, und ich habe so wenig Verlust, wie nur irgend einer in meiner Branche. — Ich rechne dies nur meinem Verfahren zu Gute, und von dem ist die Menschlichkeit das Fundament, Sir."

Haley in „Onkel Tom's Hütte."

Außer einer ganz kleinen Sippschaft, welche sich in Deutschland zu Handlangern brasilianischer Speculanten auf deutsche Arbeitskräfte hergiebt, hat meines Wissens Niemand, wenigstens keine an diesen Geschäften unbetheiligte und mit den brasilianischen Zuständen aus eigener Anschauung gründlich bekannte Person jene Unternehmungen zu vertheidigen gewagt. Die Weise, in welcher diese Menschen in Flugschriften und in dem einzigen Blatte, das ihren Zwecken dient, der Rudolstädter Auswanderungszeitung, ihr Menschengeschäft mit Brasilien zu vertheidigen gesucht haben, ist hinlänglich gerichtet; denn nicht ein einziges ehrenwerthes Blatt der periodischen Presse in Deutschland, welcher Partei es auch angehören mag, hat es mit der Würde und dem Anstande vereinbar gefunden, seine Spalten mit den Geistesprodukten jener Herren zu zieren. In dieser Haltung aller unabhängigen und urtheilsfähigen Personen und in dem Verhalten der gesammten deutschen periodischen Presse den brasilianischen Werbungen und bisherigen sogenannten Kolonisations-Bestrebungen gegenüber, liegt eine Verurtheilung der letzteren, wie sie bitterer kaum gedacht werden kann.

Aus diesem Grunde habe ich für meine Person, und eben so der Centralverein für die deutsche Kolonisations- und Auswanderungs-Angelegenheit in Berlin, das Gebahren jener Gesellschaft, in so weit als es sich durch Schimpfen, persönliche

Verdächtiguugen und dergleichen saubere Argumente in der Presse bemerklich machte, vollständig ignorirt und sind nur gegen sie aufgetreten, wenn ihr Treiben auf Verlockungen neuer Opfer gerichtet war.

Vor Allem scheinen jene Herren meine Person mit ihrem Groll zu beehren und mich für den Urheber oder Anstifter aller Maaßnahmen und Schriften, welche gegen ihre Unternehmungen von Behörden und Privaten ausgegangen sind, es mögen die Schriften veröffentlicht worden sein oder auch nur im Manuscript existiren, anzusehen. So schmeichelhaft es für mich auch sein würde, wenn in Wahrheit allein meine schwache Stimme einen solchen Einfluß zu üben vermöchte, so muß ich doch bei richtiger Selbstschätzung ein solches Lob ablehnen; denn es bedurfte keiner besondern Kenntniß von den brasilischen Zuständen und der brasilischen Geschichte, und keines besonderen Scharfsinns, um die Pläne zu durchschauen und zu würdigen, welche, mit äußerst wenigen Ausnahmen, allen Werbungen und den, nur euphemistisch so zu nennenden, Kolonisations-Bestrebungen Brasiliens zu Grunde gelegen. Hat aber meine Stimme irgend eine Wirkung geübt, so ist es nur, wie ich hoffe, weil man in meinen Schriften und Vorträgen die Sprache der Wahrheit, der Ueberzeugung, des Patriotismus, einiger Sachkenntniß und der lautern Gesinnung erkannt hat und mein öffentliches Wirken und mein Privatleben mit dieser Bethätigung stets in Einklang erfunden worden.

Leider bin ich heute, durchaus gegen meine Gewohnheit und gegen meinen Willen, genöthigt, so viel von mir selbst zu sprechen; denn die neueste Taktik der gedachten Gesellschaft ist, da sie außer Stande war, die von mir angeführten Thatsachen zu leugnen und meine Argumente zu widerlegen, unverkennbar darauf gerichtet:

1) Die Lauterkeit meiner Gesinnungen zu verdächtigen, indem sie vorgiebt, ich werde von „Rachsucht“ getrieben, ihre Werbungen und die zeitherige Handlungsweise der brasilianischen Regierung zu beleuchten.

Diese mir zugeschriebene Rachsucht, von welcher ich in allen meinen Schriften über Brasilien und in meinen Handlungen, während des langen Zeitraums von zwanzig Jahren, nicht die mindeste Spur gezeigt habe, muß doch sehr eigenthümlicher Art sein, und gestaltet sich noch eigenthümlicher, wenn man weiß, daß ich mich, namentlich in den letzten Jahren, stets bereit gezeigt habe, zahllose Mittheilungen und Bemerkungen, welche für die moralische und materielle Hebung Brasiliens nützlich sein konnten, auf das Zuvorkommenste und Uneigennützigste zu geben. Dieses mein Verhalten kann diesen Leuten eben so wenig, als der Kaiserlich brasilianischen Regierung unbekannt geblieben sein; sollten inzwischen die ersteren darüber, so wie über meinen Charakter, wirklich nicht unterrichtet sein, so können sie sich leicht von dem Kaiserlich brasilianischen General-Consul, Herrn Sturz, sehr genaue Aufklärungen verschaffen. Herr Sturz ist in Deutschland als ein Ehrenmann und ebenso als ein eifriger, fleißiger und treuer Diener seines Kaisers und seiner Regierung bekannt, und so scheue ich mich denn nicht, trotz der zwischen demselben und mir seit längerer Zeit über einzelne Punkte der brasilianischen Kolonisations-Angelegenheit bestehenden Differenzen, an seine Loyalität zu appelliren und auf sein Urtheil über die Reinheit meiner Absichten zu verweisen.

Der Haß der Herren aber, deren lucratives Geschäft mit deutschen Proletariern ich, nach ihrer Meinung, sehr gefährde, indem sogar schon deutsche Regierungen durch meine Schriften und Urtheile verführt sein sollen,*) jenes Geschäft als ein unzulässiges zu charakterisiren, ehrt mich hoch, aber ich halte auch diese Sorte von Gegnern nicht für hinlänglich unbefangen, noch viel weniger für befugt, Richter über meinen Charakter zu sein. Hat mein Auftreten dieselben zu der Einsicht gebracht, daß es nothwendig sei, bessere Garantien gegen möglichen Betrug und Unterdrückung der bereits

*) Prof. Dr. Gabe's Bericht über die deutschen Kolonien, S. 17.

nach Brasilien verlockten und abgeführten und noch zu verlockenden armen Leute zu bestellen, so halte ich die mir zugeschriebene Rachsucht in den Augen jedes verständigen Mannes für vollkommen gerechtfertigt, und glaube damit bereits mehr für jene armen Landsleute gewirkt zu haben, als alle Diejenigen, welche sich, wie Herr Gade, auf den ich später zurückkomme, und die übrigen Arbeiter auf diesem Felde, als die auserwählten Werkzeuge zur Erlösung der deutschen Proletarier von Noth und zeitlichem Ungemach mit lauter Stimme selber rühmen, während sie nebenbei bei diesem Erlösungsgeschäft entweder ihre Beutel füllen, oder „in der Liebe des brasilianischen Volkes" sich noch mehr befestigen wollen.

2) Meine Kenntniß brasilianischer Zustände als veraltet und auf die Gegenwart Brasiliens durchaus unanwendbar zu bezeichnen.

Was inzwischen diese meine Kenntniß der gegenwärtigen Zustände Brasiliens betrifft, so glaube ich davon bereits mehr Proben, als jener Verbrüderung angenehm sein dürften, gegeben zu haben, und ich gestehe offen, daß ich nur mit innerem Widerstreben und nur in Folge der frechen Behauptung von jener Seite, daß die offenkundigsten Thatsachen nichts als „Lügen" seien, dazu geschritten bin, die brasilianischen Zustände nach Maaßgabe der fortschreitenden Angriffe auf mich und den Central-Verein, dessen Mitglied ich bin, nach und nach in einer schärferen Beleuchtung zur Schau zu stellen. Es scheint, als fände jene Gesellschaft eine solche Erörterung im Interesse Brasiliens, denn sonst würde es, gelinde gesagt, Leichtsinn verrathen, mich zu nöthigen, immer neue Proben meiner Kenntniß dieser Zustände zu liefern. Da nach der Versicherung des Kaiserlich brasilianischen Professors, Herrn Gade, Brasilien das seltene Glück hat, so große Staatsmänner zu besitzen, wie gegenwärtig, nachdem Talleyrand, Metternich und Palmerston von der Bühne abgetreten, keiner der europäischen Staaten, deren Staatsmänner daher bei den brasilianischen Ministern „in die Schule gehen könnten," *) so mögen für die Anreizung zur allseitigen Erörterung der gegenwärtigen Zustände Brasiliens Gründe vorhanden sein, deren Tiefe ich natürlich als Nicht-Minister und bloßer Europäer unmöglich ermessen kann.

Wenn ich inzwischen in Folgendem wegen Raumersparniß nur gelegentlich Proben meiner Kenntniß der allerneuesten Zustände Brasiliens und in der Beschränkung einstreue, daß der geehrte Leser nur gerade in den Stand gesetzt werde, selbst beurtheilen zu können, ob bei mir, oder bei dem Kaiserlich brasilianischen Professor Dr. Gade „die crasse Ignoranz" zu finden ist, so hoffe ich damit mehr im Sinne der brasilianischen Staatsmänner zu wirken, als ihre Satelliten mit ihren lächerlichen Uebertreibungen und unbesonnenen Herausforderungen.

3) Den Centralverein, welcher von der gedachten Sippe so lange auf's Giftigste angefeindet worden ist, wenn irgend möglich, gegen meine Person einzunehmen und denselben durch kleine, vielleicht auch blos scheinbare, Concessionen ihren „philantropischen" Absichten geneigt zu machen.

Dieses ziemlich plumpe Manöver wurde zuerst im Einzelnen privatim versucht, und ist jetzt in der Brochüre des Herrn Dr. Gade in die Oeffentlichkeit getreten. Hierauf erwidere ich dem Herrn Gade und seinen Freunden, auf die Zukunft blickend: Veremos! Nur will ich hier in Kürze noch davon Akt nehmen, daß der Central-Verein, welcher nach den wiederholten Aeußerungen von jener Seite vorgeblich nur aus ohnmächtigen, unbekannten Mitgliedern gebildet, und von unwissenden, jede Sachkenntniß entbehrenden Personen geleitet werde, jetzt plötzlich als „ein mächtiger, gebildeter und achtbarer Kreis" **) von derselben Seite her anerkannt wird.

Wir wollen uns nunmehr die Schrift des Herrn Dr.

*) Dr. Gade, Bericht, S. 36.

**) Dr. Gade, Bericht, S. 23.

Gade näher ansehen.*) Der Verfasser hat sich die Aufgabe gestellt, aus meinen Schriften, die er der Reihe nach abhandelt, einen Standpunkt in der brasilianischen Kolonisations-Angelegenheit festzustellen und zu bekämpfen.

Leider aber hat der Herr Professor, welcher sich sichtbar abmüht, seine vorgefaßte oder absichtlich angenommene Meinung von meinem Charakter aus meinen Schriften über Brasilien zu deduciren, theils mehrere für diesen Zweck gar sehr geeigneten Arbeiten ganz unberücksichtigt gelassen, theils hat er mir andere Schriften zugeschrieben, wofür ich die Autorschaft auf das Bestimmteste ablehnen muß, nicht ihres Inhalts wegen, sondern weil ich mich niemals mit fremden Federn schmücke. So schreibt er mir außer den Schriften:

Die Länder im Stromgebiet des La Plata, mit Rücksicht auf den deutschen Handel und die deutsche Auswanderung,

und

„Votum" über den Brief des Professors de Capanema (Schüch), welches der Verwaltungsrath des Central-Vereins zu dem seinigen gemacht hat und welches in den Nummern 59 und 60, Jahrgang 1852, der in Bremen erscheinenden „deutschen Auswanderer-Zeitung" abgedruckt ist, auch noch

ein zweites Votum vom 6. Juli 1852, die Kolonie Santa Cruz, Provinz Rio grande do Sul, mit Bezug auf eine Druckschrift des Herrn P. Kleudgen, zu.

Was den Herrn Professor zu der Behauptung berechtige,

---

*) Der vollständige Titel dieser Schrift ist: Bericht über die deutschen Kolonien der **drei** großen Grundbesitzer (am Rio preto) in Brasilien, nebst einer kritischen Beleuchtung und Würdigung der Schriften des Herrn Director Kerst, von Dr. Georg Gade, Zögling des Königlich pädagogischen Seminars in Göttingen, ordentlicher Professor der griechischen Litteratur am Imperial Collegio de Pedro Segundo, vc. spec. vorm. Mitarbeiter für die Unterrichts-Angelegenheiten im Kaiserlich brasilianischen Staatsrathe und Ministerium des Innern, und Ritter des Kaiserlich brasilianischen Rosen-Ordens.

daß ich der Verfasser dieser zuletzt genannten Schrift sei, sagt derselbe nicht; da er aber dieses, so viel ich weiß, bis jetzt nur im Manuscript existirende Votum vom 6. Juli kennt, so konnte, ja mußte er wissen, daß ich nicht der Verfasser dieser Schrift bin. Allerdings ist mir dieselbe, als zu den Acten des Central-Vereins gehörig, ihrem Inhalte nach wohl bekannt, aber bis jetzt hat der Verwaltungsrath des Central-Vereins über das Kleudgen'sche Geschäft keinen Endbeschluß gefaßt, und dieses Votum eines einzelnen Mitgliedes also auch noch nicht zu dem seinigen gemacht, wie es mit dem vorhin genannten und von mir herrührenden „Votum" über den Brief des Professors Schüch der Fall ist.

Wir werden dergleichen kritische Genauigkeiten des brasilianischen Professors Herrn Gade im Verfolg noch manche kennen lernen, er wird es daher auch einigermaaßen natürlich finden, wenn ich einer solchen Pseudokritik gegenüber ihn nicht mit der zarten Rücksicht bediene, die ich sonst sicher geübt haben würde.

Daß der Ton und Styl meiner Schriften dem Doktor nicht gefällt, thut mir zwar leid, aber metiri se quemque suo modulo ac pede verum est, sagt Horaz. Inzwischen wurzelt mein Urtheil über brasilianische Zustände zu fest auf wohlbegründeten Thatsachen, allbekannten Regierungs-Handlungen und gesunden Ansichten, als daß es Herrn Dr. Gade und seinen Freunden je gelingen kann und wird, mich auf diesem Felde zu besiegen.

Hic murus aheneus esto!
Nil conscire sibi, nulla pallescere culpa.

Die mir sonst vom Herrn Gymnasial-Professor ertheilte Censur ist, besonders hinsichtlich meiner Fähigkeiten, ziemlich gut, und die väterlichen Ermahnungen des wohl noch ziemlich jungen Mannes sicher wohlgemeint; für diese zwei oder drei Lichtpartien in dem mit sichtbarer Anstrengung geschaffenen Opus, dessen Held ich bin, sage ich pflichtschuldigen Dank.

Da es nach dem Urtheile meines Herrn Würdigers und Kritikers eine meiner Todsünden ist, welche meine Schriften unrettbar der Verdammniß überliefere, daß ich darin von einem brasilianischen hohen Beamten gesprochen, ohne ihm seine Titel zu geben, so will ich auch über diese rein persönliche Angelegenheit vorweg ein Wort äußern, ehe ich in der Hauptsache antworte. Ungern entschließe ich mich freilich, meinem Gegner auf dieses abgeschmackte Gebiet zu folgen, aber derselbe legt ein zu großes Gewicht auf diesen Punkt, als daß ich ihn mit Stillschweigen übergehen könnte.

Der ordentliche Professor der griechischen Sprache am Kaiserlich brasilianischen Gymnasium (Collegio) Peters II., Ritter des Rosenordens, so wie auch Zögling des Königlich pädagogischen Seminars in Göttingen u. s. w., Herr Dr. Georg Gade, sagt in seiner Schrift:*) „die Brasilianer haben ungemein viel bon sens. Sie geben gar nichts auf Titel, und in dieser Beziehung können sich die Deutschen auch füglich an den Brasilianern spiegeln."**) Er beweist dies weiter dadurch, daß die Brasilianer einen Schaafskopf, selbst wenn er Staatsrath ist, wirklich Schaafskopf nennen. Er hat darin Recht. Das brasilianische **Volk**, dessen Charakter und „bons sens," beiläufig bemerkt, ich in meinen Schriften***) weit würdiger als Herr Dr. Gade und in der

---

*) Bericht S. 37.

**) „Wer heute 13,000 Millreis zahlt (in Brasilien) ist Baron, und wer 6000 Millreis zahlt, Comthur, das heißt Alles demoralisiren." Das sagt nicht Herr Gade, sondern der Senator des brasilianischen Reiches, Herr Dr. Manoel. Siehe Jornal do Commercio vom 14. Mai 1852.

***) Siehe Kerst, Rio grande do Sul, Friedenberg's Journal der Reisen, Jahrgang 1832. Zugleich bemerke ich für Herrn Professor Gade, daß ich es nicht nöthig erachte, ein einmal umständlich abgegebenes Urtheil in jeder Gelegenheitsschrift ausführlich zu wiederholen und daß es einem gewissenhaften Kritiker nicht geziemt, ja, daß es für mein Gefühl und in meiner Anschauung unsittlich ist, die Motive, welche ein Autor für seine Urtheile aufführt, zu verschweigen, seine Aeußerungen

Weise geschildert habe, daß spätere Reisende von Ruf, wie Arsene Isabelle, d'Orbigny u. A. in ihren Urtheilen mit den meinigen fa stüberall genau übereinstimmen, hat, trotz der blühenden und unglaublichen Corruption in der Verwaltung und in der Justiz, und trotz der furchtbar vernachläßigten Erziehung und bei dem fast gänzlichen Mangel an einem gesunden und geordneten Unterricht, im Allgemeinen sich einen guten Kern bewahrt, der aber aus den erwähnten Ursachen mannigfach verhüllt und leider auch zum Theil angegriffen erscheint. Wenn dem aber so ist, wie der Herr Professor Gade an verschiedenen Stellen seiner Schrift eingesteht, wenn die Brasilianer, wie sein eigen Beispiel lehrt, nichts auf Titel geben und wenn in deutschen Schriften allgemein selbst weltberühmte Männer ohne Beifügung ihrer Titel erwähnt werden, ja, wenn Herr Gade in seiner Schrift diese Sitte selbst befolgt, indem er berühmte Männer, selbst geborene Brasilianer, schlichtweg bei ihrem ehrlichen Namen nennt, ohne selbst das Wörtchen „Herr" beizufügen, so ist es doch wohl höchst possirlich, wenn dieser Kritikus Seite 53 versichert, es sei „seinen Gefühlen sehr widerlich gewesen" und es gebe „keinen besonderen Begriff von deutscher Artigkeit und Höflichkeit," daß ich den Herrn Minister-Residenten, Comthur, Professor Dr. M. A. de Araujo in meinen Schriften schlichtweg als Herrn Araujo

---

zu verdrehen oder absichtlich falsch wiederzugeben, lediglich zu dem niedern Zweck, den Charakter desselben zu schwärzen.

Daß es edelgesinnte Männer auch in Brasilien giebt, habe ich (Länder im Stromgebiet des La Plata S. 8) ausdrücklich anerkannt; aber eben so bestimmt behaupte ich auch die moralische Versumpfung, in welche der Menschenhandel, das Sklaventhum, die allgemeine Corruption u. s. w. im Allgemeinen die höheren Stände geführt und darin gefangen hält; eine Versumpfung, die der Herr Gymnasial-Professor der griechischen Sprache trotz der Renomisterei mit seinen riesigen Leistungen nicht heben wird, selbst dann nicht heben würde, wenn er tausendfältig den Zauber, dessen er sich rühmt, übte auf alle Schichten der so buntscheckigen brasilianischen Gesellschaft, welche auf einer Fläche, fast so groß als ganz Europa, zerstreut lebt.

und einmal selbst ohne das Wörtchen „Herr" bei der Erwähnung des Geschäfts der fünf Grundbesitzer bezeichnet habe. Wie aber, Herr Doktor! wenn die Fortlassung des Titels: Minister-Resident Sr. Kaiserlich brasilianischen Majestät bei der Beurtheilung des gedachten Privatgeschäfts, welches, wie Sie ja selbst sagen, bei einer und der andern deutschen Regierung, bei welcher Herr Araujo als Repräsentant seines hohen Souverains accreditirt ist, so geringen Beifall gefunden, mehr Takt verriethe, als Ihr ungeschicktes Gebahren über diese Form der Personalbezeichnung?!*)

Aber wer ist denn dieser Herr Ritter Georg Gade, den die Kampfsbegier aus dem Patronate des Ritters St. Georg von der südlichen Hemisphäre hergeführt hat, um dem „Geier an den sandigen Ufern der Spree" das Garaus zu machen? Ja, mein geneigter Leser, ich wüßte es Dir, trotzdem ich eine

---

*) Die kurz vorher erwähnte Excellenz, Herr Senator Manoel, bezeichnet in der öffentlichen Senatssitzung (Jornal do Commercio vom 14. Mai 1852), ohne Widerspruch von irgend einer Seite zu erfahren, den jetzigen Präsidenten von Goyaz, auch eine brasilianische Excellenz, also: „Dieser Mann, welcher in Goyaz Alles, selbst das Heiligste, mit Füßen tritt, dieser Mensch, das lebendige Beispiel der Unmoralität, das non plus ultra von Stupidität (cumulo da estupidez), wie seine in der Secretarie des Ministeriums des Innern befindlichen Berichte beweisen . . . ."

Wollen Sie, Herr Dr. Gade, scheckweise die authentischen Beispiele von der ausbündigen brasilianischen Artigkeit haben, wie sich dieselbe je nach den Umständen erweist, so lesen Sie nur die Debatten in den beiden brasilianischen Kammern und die gutgesinnten Zeitungen, besonders auch aus der Epoche, als die jetzt herrschende Parthei in der Opposition war, so lesen Sie den Hohn und die kolossalen Invectiven, welche in den Kammern von 1830 und 31 über die von diesen Kammern gemißhandelten Offiziere, geborene Deutsche und Engländer, welche zum Theil so eben erst ihr Leben und ihre Gesundheit für Brasilien eingesetzt hatten, ausgeschüttet wurden.

Ich habe nur das obige Beispiel angezogen, weil es eines Theils zur Vervollständigung Ihres reizenden Gemäldes vom brasilianischen Leben in den „höheren Kreisen" dient, andern Theils auch ein Licht auf die brasilianischen Zustände der Gegenwart wirft.

ziemlich gute Kunde von den hervorragenden Persönlichkeiten Brasiliens habe, nicht zu erzählen, wenn es nicht unser Ritter in seiner Schrift, im Styl der Helden des Ariost, ehe er die Lanze gegen mich einlegte, selbst vermeldet hätte. Ich bedauere meinen Mangel an Darstellungsgabe, um seine Schicksale, Irrfahrten und wunderbaren Thaten, welche ihm die Liebe des brasilianischen Volkes erworben, und die Neger disponirt hat, wenigstens bis zur Stärke von 12 Mann für ihn in den Tod zu gehen,*) würdig nacherzählen zu können. Was ich daher hier kunst- und schmucklos berichte, habe ich aus seinem eigenen Munde, d. h. aus seiner Schrift, und wie Haley, den Du, geneigter Leser, sicher aus „Onkel Toms Hütte" her kennst, sich ausdrücken würde: „er hat es nur gesagt, weil es Wahrheit ist."

Als der Sohn eines Rittergutsbesitzers, Gohgräfen und Landwehr-Officiers im Hannoverschen war unser Professor und Ritter, Herr Gade, bestimmt, seines Vaters Nachfolger zu werden; aber einst beim Heumachen im fünfzehnten Lebensjahre überkam es ihn plötzlich, wie Saul auf dem Wege gen Damaskus, Lehrer zu werden.

In **„achtjährigen"****) Studien eignete er sich auf vier berühmten Universitäten die Weisheit Deutschlands und Frankreichs an. Das Schicksal vergönnte ihm erst später die Gunst, England kennen zu lernen. In England pflog derselbe, wie es scheint, sehr vielen Umgang mit den Lords, denn er sagt ausdrücklich, daß „nur wenige Lords" in Gentilität und der sonstigen Eigenschaften der crême der Gesellschaft mit den funkelnagelneuen Adeligen Brasiliens rivalisiren können.***)

*) Gade, Bericht S. 17.

**) Herr Gade selbst läßt dieses „achtjährige" mit Sperrschrift drucken.

***) Es giebt bekanntlich in Brasilien keine altadeligen Geschlechter. Alle Barone, Grafen und Marquis sind erst seit 1824 aus dem Stoff geschaffen, den die Beamten, die altportugiesischen Kolonisten und die Sklavenhändler darboten. — Herr Gade findet es „possirlich", daß ich

Auch sein Umgang in Brasilien hat sich hauptsächlich auf die hohen Kreise beschränkt; denn seine intimsten Freunde daselbst sind wenigstens Vicomtes und Kammerherren, welche letztere

---

(im Votum) die Verläugnung der deutschen Abstammung, deren sich Söhne von deutschen Vätern und mit deutscher Erziehung schuldig machen, gerügt habe und ließ mir hierüber (S. 38 seiner Schrift) mit Bezug auf den Professor Dr. Schüch den Text in einer Weise, die zu charakteristisch für Herrn Gade ist, als daß ich darüber mit Stillschweigen hingehen könnte. — Professor Schüch, der Sohn eines Oesterreichers, schrieb sich schon als Zögling des polytechnischen Instituts in Wien Schüch de Capanema, und erläuterte seinen Mitschülern (wie man mir berichtet hat), daß er den Beinamen Capanema von einem seinem Vater zugehörigen Eisenbergwerke führe. Nun ist aber die elende Besitzung Capanema kein Eisenbergwerk. Das ähnlich klingende berühmte Eisenbergwerk Ypanema ist bekanntlich brasilianisches Staatsgut. Herr Schüch führt demnach den Beinamen de Capanema, was so viel heißen soll, als „aus Capanema," gerade in derselben Weise, als der deutsche Dichter Hoffmann den Beinamen von seinem Geburtsort Fallersleben. Sicherlich würde Hoffmann in Preußen wegen Anmaßung des Adels bestraft werden, wenn er sich einfallen ließe, fernerhin blos von Fallersleben zu schreiben. Seit Kurzem hat aber Herr Schüch seinen Vaternamen fallen lassen und schreibt sich kurzweg de Capanema. In Brasilien hat das nichts zu bedeuten, denn das Wörtchen „de" ist dort bekanntlich keine Adelsbezeichnung und Jeder kann es daher seinem Namen vorsetzen. In welchem Lichte aber erscheint Herr Schüch, den der Kaiserlich brasilianische Minister-Resident in einem Schreiben an den Verwaltungsrath des Central-Vereins nicht anders als Herr Schüch de Capanema nennt, wenn er in seinem Briefe an den Central-Verein, also an Deutsche, sich Dr. G. de Capanema unterschreibt? Herr Gade scheint das gefühlt zu haben, aber er hat die Stirn, anzudeuten, daß Schüch, kraft Kaiserlichen Patents, im Sinne einer Standes-Erhöhung nunmehr Herr de Capanema heiße, denn er sagt: „Angenommen, Herr Kerst, der Kaiser von Brasilien machte uns zu Barões com Grandeza, Sie, weil Sie durch Ihre Angriffe zur Besserung und Erhebung Brasiliens und zur Wiedererlangung seiner Ehre anstacheln, mich, weil ich direkt, mit vollkommener Selbstaufopferung, die Sittlichkeit und geistige Cultur der brasilianischen Jugend zu heben nach Kräften bemüht bin, angenommen also, der Kaiser ernennte Sie zum Baron do Rio preto und mich zum Baron da Independencia . . . ., würden wir diese Ehre

„nach brasilianischen Begriffen die allerhöchsten Hofchargen sind," welcher Umstand (für den deutschen Michel) „deshalb nicht unbedeutend ist," weil „mit dem Range eines brasilianischen Kammerherrn das Prädikat „„Excellenz"" verknüpft ist" und (in Brasilien) nur die Tugend mit diesem Titel belohnt wird, so daß der Titel Kammerherr „eine wahre Garantie dafür bietet," daß die deutschen Plantagenarbeiter „auf die edelste und liberalste Weise behandelt werden."*) Der Verfasser beschränkt sich deshalb auch nur darauf, das Princip: auf den großen brasilianischen Plantagen die jetzt sehr theuer gewordenen Neger durch deutsche Proletarier zu ersetzen, in so fern zu vertheidigen, als diese Gutsbesitzer zugleich Kammerherren sind(!!) Daher der Titel seines Buches ganz ausdrücklich nur von „drei" großen Grundbesitzern spricht, wiewohl die bekannte Werbung für fünf geschah, und später für noch einige andere ganz ähnliche Sendungen gemacht worden sind. Diese (und leider der Herr Professor Dr. Gabe selbst) sind noch nicht mit dem Tugendstempel Kammerherr markirt, und haben daher auch das Unglück, vom Herrn Professor ganz ignorirt zu werden.

Der geehrte Leser wird aus diesen Angaben deutlich erkennen, daß ich gegen einen so außerordentlich gelehrten Mann,

---

ablehnen? Und würden, im Falle der Annahme, nicht die sonoren Namen Kerst und Gabe gewissermaßen in die Brüche gehen? Gerade so nennt sich Herr Professor Schüch de Capanema, weil er nun einmal so heißt, wenn auch seine Ureltern in Deutschland nur „„Schüch"" hießen."

Ich habe schon gesagt, daß sich Herr Schüch selbst den Beinamen de Capanema beigelegt und daß keine Adelserhebung des Dr. Schüch, die mit der Erhebung zum Baron com grandeza zu vergleichen wäre, stattgefunden hat; denke demnach, geneigter Leser, über die Herren Schüch und Gabe, was Dir beliebt; ich wünsche dem letztern, daß seine großen Verdienste um Brasilien durch den Titel Baron com grandeza recht bald anerkannt werden mögen!

*) Gabe, Bericht S. 35.

der, ein Muster und Prediger der Höflichkeit, betheuert (S. 4.) er werde den Kampf mit mir mit der heiligsten Wahrheitsliebe und der dem großen Gegenstande angemessenen würdigen Haltung" führen, sich keiner gröberen Ausdrücke gegen mich als „krasse Ignoranz", „Unsinn", „complette Ignoranz" und dergleichen bedient, ich sage, man wird begreifen, daß ich gegen einen solchen gelehrten Mann einen schweren Stand habe, und mein deutscher Styl für den Magen eines so feinen Herrn vielleicht etwas unverdaulich sein dürfte. Unser Doktor kann sich daher auch nicht genug wundern, wie eine so hochgebildete Gesellschaft, wie der Central-Verein ist, einen Menschen, der so geradezu seine Ansichten ausspricht, aufmerksam anhören, ja sogar seine Schriften zu den seinigen machen kann; worin denn, wenn ich für solche Feinheiten das richtige Verständniß habe, der saubere Rath versteckt liegen soll, die Gesellschaft möge doch dem für den brasilianischen Menschenhandel unbequemen Redner den Rücken kehren, oder, was vielleicht für den Herrn Professor und seine Freunde höchst erwünscht wäre, denselben geradezu ausschließen.

Ueber die Beweggründe, welche den Doktor zu so langwierigen und mühsamen Studien und zu seiner Uebersiedelung nach Brasilien veranlaßt haben, theilt uns derselbe mit, daß davon, wie Haley sich auch ausdrückt, „nur Menschlichkeit das Fundament sei." Er habe deshalb im Frühling 1846 „einen glänzenden Ruf nach Leyden ausgeschlagen," und es vorgezogen, Lehrer an einer Privatschule in Brasilien zu werden.

Da er nun, wie er selbst sagt, fünf Jahre in Brasilien ist, so kam er ungefähr in derselben Zeit dort an, als in Folge eines Contracts des Präsidenten der Provinz Rio de Janeiro das Haus Delrue und Comp., und in Folge eines späteren Contracts der brasilianischen Regierung mit der Gesellschaft Racine, viele Tausende deutscher Proletarier-Familien (der größte Theil ländliche Arbeiter) „die Trappiche von Ritherohy überschwemmten," und hier von den Contrahenten, in diesem Falle also von der brasilianischen Regierung selbst, in einem Elende belassen wurden, welches ein Brasilianer (im Correio Mercantil vom 8. Februar 1847) also schildert: „Der Anblick jener unglücklichen Ankömmlinge jedes Geschlecht, jeden Alters, welche genöthigt waren, Almosen zu betteln und ihren Hunger mit Bananenschalen und andern Abfällen zu stillen, und die überdies durch bösartige Epidemien decimirt wurden, war entsetzlich." Unser neuer Wilberforce, dessen ganzer Zweck, wie er sagt,*) darauf gerichtet war, „blutarmen Proletariern Gelegenheit zu geben, ihre Lage gründlich und dauernd zu verbessern," bekümmerte sich aber um die weiteren Schicksale dieser armen Leute, welche unter Zuzahlung von 50 Millries pro Kopf von der Regierung an große Grundbesitzer, unter denen einige auch den Tugendstempel Kammerherr trugen, abgegeben wurden, durch deren „edle und liberale" Behandlung sie in ganz kurzer Zeit bis auf einen unbedeutenden Rest elendiglich zu Grunde gingen, so blutwenig, daß er, wie er selbst sagt,**) „nur eine sehr verworrene Kenntniß" (von dieser jedes menschliche Gefühl empörenden Behandlung) „erlangt habe!" Ja, dieser Proletarierfreund, dem die brasilianische Corruption in Verwaltung und Justiz bekannt sein muß, hat die Stirn, nach diesem naiven Geständniß noch hinzuzufügen: „Auch diese Angelegenheit ist wichtig genug, um sie von Seiten der brasilianischen Regierung untersuchen und was Wahres daran ist, ermitteln zu lassen."(!!)

Durch Reisen von Rio de Janeiro nach Nova Friburgo und nach dem Rio preto, das sind Strecken von der ungeheuren Ausdehnung, wie etwa von Hamburg nach Bremen, und durch einen vierjährigen Aufenthalt in Novo Friburgo, einer ehemaligen Schweizerkolonie, von welcher aber der größte Theil der Schweizer durch Sorgen und Elend vertrieben wurde, und die noch heute weit davon entfernt ist, ein blühender Ort zu sein, hat sich unser gelehrter Professor eine, wie er sagt, gründ-

*) Gade, Bericht S. 5.

**) Gade, Bericht S. 27.

liche Kenntniß(!!) von Brasilien angeeignet und das Kolonisationswesens Brasiliens „beobachtet.“ Schade, daß er uns nicht das wunderbare Fernrohr beschreibt, welches diese Beobachtungen auf terrestrischen Distanzen von 100 — 300 Meilen vermittelt hat. — Besonders hatte er sein Auge (von Neu-Freiburg aus) unverwandt auf die (circa nur 100 geographische Meilen entfernte) Kolonie des Senators Vergueiro, in der Provinz St. Paulo, gerichtet, weil dies die einzige „seinen Zwecken“ entsprechende war; aber er habe (trotz der gedachten riesigen Anstrengungen) noch immer sich nicht für berechtigt gehalten, sein, den ländlichen Proletariern in Deutschland bei seiner Abreise nach Brasilien gegebenes Versprechen (wovon das deutsche Publikum erst jetzt nach fünf Jahren Kunde erhält) zu lösen, ein Versprechen, das in nichts Geringerem bestand, als ihrem Elende gründlich ein Ende zu machen.

Ueber diese Kolonie Vergueiros hatte sich nämlich ein Deutscher, Herr Dr. Köstlin, nach Kenntnißnahme an Ort und Stelle dergestalt ausgesprochen, daß dadurch das ganze Vertrauen unseres Professors zu derselben erschüttert war, da erscheint wie ein deus ex machina, in dem Augenblick, als die Neger durch die brittischen energischen Maaßnahmen einen unerschwinglichen Preis bekamen, ein anderer authentischer Bericht von dem Schweizer-Konsul Herrn Perret-Gentil in Rio, der neueren Nachrichten zufolge mit einigen brasilianischen Grundbesitzern in Compagnie Geschäfte in deutschen Proletariern machen will, und zwar erscheint dieser Bericht in dem Augenblicke, wo sich Herr Gade zur Reise nach Europa rüstet, und stellt sein, durch den nicht spekulirenden deutschen Doktor Köstlin lange erschüttertes Vertrauen zu der Kolonie Vergueiro wieder her! Glücklicher konnte es sich für ihn nicht fügen. Die Kolonie Vergueiros, die unser Professor nie gesehen, konnte nun auf der langen Seereise gründlich beobachtet und studirt werden. Leider verschweigt uns unser sorgfältiger Beobachter, warum der deutsche

Dr. Köstlin weniger Glauben verdient, als der, vermuthlich nur französisch sprechende und daher zum unmittelbaren Verkehr mit den deutschen Bauern wenig geeignete General-Consul Herr Perret-Gentil.

Ehe aber unser Proletarierfreund seinen großen Menschheitszweck erreichen konnte, mußte er erst Professor der griechischen Sprache am Kaiserlich brasilianischen Gymnasium in Rio werden, welches, wie er uns belehrt, „die höchste Kaiserliche Lehranstalt ist.“ *) Ist meine Berechnung richtig, so befindet er sich seit einem Jahre in dieser hohen Stellung. Und nun, nachdem er so „in der Liebe des brasilianischen Volkes“ den festen Punkt gewonnen, wo er seine Hebel ansetzen kann, kann das Erlösungsgeschäft der deutschen Proletarier beginnen. Die fünfjährige Vorbereitung des neuen Messias dafür — wovon vier Jahre in der Einsamkeit von Neu-Freiburg verlebt wurden — ist so gründlich betrieben, daß ihn nichts mehr darin aufhält, außer meiner von „krasser Ignoranz“ strotzenden Schriften mit ihrem „Unsinn“, mit deren Vernichtung (für diesen Messias sind diese Schriften nämlich das böse Prinzip) er nun „beginnt.“

In dem „Votum“ über den Brief des Professors de Capanema, welches der Verwaltungs-Rath des Central-Vereins adoptirt hat, ist eine Reihe allbekannter Thatsachen aufgeführt, welche, nach siebenjährigen Intervallen geordnet, geeignet erschienen, die Zustände Brasiliens zu charakterisiren, und wir glaubten damit am Besten darlegen zu können, daß das heutige Brasilien, als Auswanderungsziel, von jenem von 1831 durchaus nicht wesentlich verschieden sei.

Der Herr Professor Gade sieht sich diesen Thatsachen gegenüber genöthigt, anzuerkennen:

1) daß das gegen die brasilianischen Offiziere von deutscher

*) Gade, Bericht S. 7. Wir sind für diese Bemerkung um so dankbarer, als wir bisher die Akademieen in S. Paulo und Pernambuco für die höchsten brasilianischen Lehranstalten hielten.

Geburt von der brasilianischen Regierung und den Kammern 1830 innegehaltene Verfahren in Brasilien als ein „mit offenbarer Verletzung aller ihnen kontraktlich und verfassungsmäßig zugesicherten Rechte“ eingeschlagenes bezeichnet werde, daß er selbst diese Angelegenheit oft so habe darstellen hören, und daß es eine „hochwichtige Ehrensache“ für die brasilianische Regierung sei, diese Sache auf das Sorgfältigste einer neuen Untersuchung zu unterwerfen,“ und event. selbst jetzt noch Gerechtigkeit zu üben, und noch jetzt gut zu machen, was gut zu machen ist, d. h. den noch lebenden Soldaten und Offizieren ihre ihnen gesetzmäßig zustehenden Pensionen für diese ganze Reihe von Jahren mit Zinsen bei Heller und Pfenning nachzuzahlen und überhaupt jenen ganzen Akt feierlichst zu verdammen.“*)

2) Daß das grauenhafte Schicksal der im Jahre 1838 von brasilianischen Agenten Angeworbenen, welche in Para mit beispielloser Treulosigkeit und Grausamkeit hingeopfert wurden, und von denen Herr Dr. Gabe nichts

---

*) Wie wenig die frommen Wünsche des Herrn Professors in Brasilien auf Erfüllung zu rechnen haben dürften, wird das nachstehende Beispiel beweisen.

Der Marschall Braun reklamirte fünf Jahre lang seine ihm, wie den übrigen Offizieren, 1831 ungerechter Weise genommene Stelle, das seitdem ihm vorenthaltene Gehalt und die ihm gesetzlich zustehende Pensionirung. Die Kammern bewilligten endlich mit großer Majorität seine Forderung und er erwartete nun die Auszahlung seines rückständigen Soldes, der nach und nach auf die bedeutende Höhe von 50 — 70,000 Thaler aufgelaufen war, wozu die Kammern die Fonds angewiesen hatten. Dennoch wird ihm dieselbe, sollte man es glauben! unter allerhand nichtigen Vorwänden zurückgehalten und wie man mich durch die letzte Post benachrichtigt, werden ihm eine Unzahl Zumuthungen zu Bestechungen gemacht, um zu seinem Gelde zu gelangen, dergestalt, daß, wenn er dieselben alle befriedigen wollte, ihm nach Abzug der Kosten für seine Reise und seinen Aufenthalt in Rio kein Heller übrig bleiben würde.

Auch ein Beitrag zur Charakteristik der gegenwärtigen Zustände Brasiliens.

gehört haben will, gleichfalls strenge Untersuchung und Sühne fordere.*)

3) Daß die Behandlung der schon oben erwähnten armen Deutschen, welche die brasilianische Regierung oder ihre Agenten durch Delrue u. A. in den Jahren 1844—47 kommen ließ, hinreicht, „um ein schlechtes Licht wenigstens auf die früheren Regierungen zu werfen."

Der Herr Dr. Gade hat damit zugestanden, daß ich mit den brasilianischen Zuständen bis zum Jahre 1847 und mit den Schicksalen der Deutschen in Brasilien wenigstens besser bekannt bin als er. Es kömmt nur noch darauf an, den Nachweis zu führen, daß ich auch über die allerneuesten Zustände Brasiliens wohl unterrichtet bin; denn man muß allerdings die Gegenwart genau kennen, wenn man über Brasilien als Auswanderungsziel für Deutsche sachgemäß urtheilen will.

Herr Gade bestreitet mir diese Kenntniß durchaus und hat die Versicherung, welche ich im „Votum" abgegeben, daß ich seit nun mehr fast dreißig Jahren der Entwickelung Brasiliens mit Aufmerksamkeit gefolgt bin, wie es scheint, auch als bloße „Deklamation" aufgenommen.

Wenn ich durch solche Herausforderung genöthigt, nunmehr die Sonde etwas tiefer in die Wunde der brasilianischen Gegenwart senke, so mögen die Freunde der gegenwärtigen Verwaltung Brasiliens sich dafür bei ihrem Kämpen, dem Herrn Ritter Gade, bedanken. Ich wiederhole nochmals, daß ich nur mit innerem Widerstreben dazu schreite, die brasilianischen Zustände dem deutschen Publikum in schärferen Umrissen darzulegen; aber ich wünsche und hoffe, daß dieser Schritt den Erfolg habe, die Unvorsichtigen zu warnen, die Leichtgläubigen gegen die Verlockungen der brasilianischen Seelenmäkler behutsam zu machen, die deutschen Patrioten in der Ansicht zu be-

*) Daß Herr Dr. Gade selbst nicht in Hamburg von dem Schicksale jener armen Deutschen gehört haben sollte, muß große Verwunderung erregen, da einige der dortigen „Brasilien-Freunde" in eigenthümlich naher Beziehung zu dieser Expedition gestanden haben!

stärken, daß die brasilianischen Zustände, wie sie jetzt noch sind, keine Bürgschaften für die Auswanderer enthalten, und endlich die hohen deutschen Regierungen zu überzeugen, daß die ernstesten Maßregeln gegen die Winkelagenten und die brasilianischen Werber nöthig sind. Auch hoffe ich, die brasilianische Regierung werde in richtiger Würdigung des unermeßlichen Vortheils, den die freie Einwanderung für das Land hat, endlich alle die Bürgschaften geben, welche nöthig sind, um das durch das bisherige Verfahren gegen die deutschen Auswanderer und die Morschheit der inneren Zustände Brasiliens tief erschütterte Vertrauen in Deutschland neu zu beleben, und ein für allemal die mancherlei Charlatane abweisen, welche durch interessirte Schmeicheleien und ungeschicktes Gebahren den Credit dieser Regierung nur untergraben, anstatt zu heben.

In dem „Votum" über den Capanema'schen Brief ist zur Charakteristik der brasilianischen Gegenwart auf das Schicksal der deutschen Offiziere und Truppen, welche der Staatsrath de Rego Barros, theils persönlich, theils durch das Werbebureau der Herren Capit. Valentin, Dr. Schmidt und eines aus der holsteinischen Armee entfernten Subjekts 1850 in Hamburg angeworben hat, verwiesen. Herrn Gade, dem unbedingten Lobredner der gegenwärtigen Regierung, ist diese Hindeutung offenbar sehr unangenehm. Er meint, diese Sache gehe ihn und mich nichts an. Warum denn, Herr Doktor, edler feinfühlender Menschenfreund, geht uns Deutsche „diese Sache" mit einem Male nichts an? Selbst Sie geben ja zu, daß die Schicksale unserer Landsleute, welche früher nach Brasilien verlockt wurden, unserer Theilnahme würdig seien, daß Ehre und Pflicht der brasilianischen Regierung genaue Untersuchung und die Sühne alter Schuld und Unbill bieten, warum sollen die gegenwärtige Regierung und Ihre Gönner weniger streng ihre Thaten prüfen, als die ihrer Vorgänger?

Für jetzt verzichte ich darauf, die Geschichte dieser Legion zu erzählen, versichere aber Herrn Gade und seinen Freunden, daß mir unaufgefordert die ehrenwerthesten Männer in Deutschland und in Brasilien zahlreiche Dokumente, sehr genaue, zum großen Theil den Akten gemäße Darstellungen zur Geschichte der Legion, von den ersten Tagen der Werbungen in Hamburg bis zur allerneuesten (August-) Revolte in Rio pardo zugestellt haben und ich demnach mich für vollständig unterrichtet halte, und nur des Raumes wegen und deshalb verzichte, auf den Gegenstand hier näher einzugehen, weil die deutsche Presse (am gründlichsten die Vossische Zeitung und die Preuß. Wehrzeitung) „die Sache" hinlänglich aufgeklärt hat.

Nur will ich hier noch Akt von der Aeußerung meines Kritikers nehmen, daß er von der Geschichte der deutschen Legion von 1850 eben so wenig weiß, als von den Schicksalen der Deutschen in Brasilien aus früheren Epochen. Und bei all dieser eingestandenen Unwissenheit will dieser Herr das deutsche Publikum überreden, er kenne die brasilianischen Zustände und habe seit seinem fünfzehnten Jahre sein Leben angewendet, lediglich um das Loos seiner Freunde (?), der deutschen Proletarier zu verbessern!

Wir haben schon oben mannigfache Gelegenheit gehabt, des Herrn Gade lächerliche Lobpreisungen der gegenwärtigen brasilianischen Minister, durch welche dieselben wahrlich nicht gewinnen können, anzudeuten; noch viel trauriger aber steht es um seine Entwickelung der vorgeblichen großen Fortschritte Brasiliens, seit ich jenes Land verlassen habe. Selbst beim allerbesten Willen hat er nicht das Geringste von einiger Bedeutung aufzuzählen vermocht, welches diese Fortschritte bekundete und wodurch er sich als besser unterrichtet gezeigt hätte. In der Verzweifelung fordert er mich auf (S. 52.), mich bei wohlunterrichteten Deutschen in Hamburg (!!) (etwa bei den Herren Capit. Valentin, Dr. Schmidt und Genossen?) zu erkundigen, ob in Brasilien noch Alles „so zustehe," wie es vor 30 Jahren war. Ich antworte hierauf, daß ich eine solche Erkundigung entbehren kann, da ich durch Ehrenmänner, Freunde und Verwandte in Brasilien und durch eigene fleißige Lektüre der brasilianischen ministeriellen und Oppositionszeitungen und sonstiger Zeitschriften und durch aufmerksames Verfolgen der gedruckten Verhandlungen der brasilianischen Kammern ganz vortrefflich unterrichtet werde, was ich dem Herrn Doktor Gade schon dadurch bewiesen habe, daß ich die Geschichte der Deutschen in Brasilien von 1825 bis zum September 1852 kenne, während er, der in Brasilien lebt, sich hierin völlig ununterrichtet gezeigt hat, was man nicht selten bei den Deutschen in Brasilien findet, da sie selten Sinn für etwas Anderes als ihr Geschäft und ihren persönlichen Gewinn zeigen.

Da es für die Auswanderer wichtig ist, die brasilianischen Zustände der Gegenwart in den Grundzügen zu kennen, so will ich versuchen, in Folgendem einen möglichst gedrängten Umriß von denselben zu geben, unter Berücksichtigung der dürftigen Notizen, welche Herr Gade als Fortschritte und Verbesserungen mir entgegen zu stellen hatte.

Das Sklaventhum. Die Sklaverei ist die Grundlage der brasilianischen inneren Politik, sie ist die Bedingung für die Existenz ganz übermäßiger, dem Gesammtwohl entschieden höchst nachtheiligen Grundbesitzthümer und die Hauptursache der herrschenden furchtbaren Demoralisation. Von wahrhaft edlen Menschen und tieferblickenden brasilianischen Staatsmännern wird sie mit Recht als ein großes Unglück für das Land betrachtet; man würde jedoch sehr irren, wenn man diese Ueberzeugung bei allen Denen voraussetzte, welche heute für die Unterdrückung der Sklaveneinfuhr salbungsvoll sprechen. Gerade diese sich jetzt als Philantropen gebährdenden Grundbesitzer haben die letzten Jahre benutzt, um möglichst viele Sklaven anzukaufen und erstehen noch heute diese sehr theuer gewordenen Sklaven für „fabelhafte Preise," wie der Justizminister sich vor den diesjährigen Kammern ausdrückte. Im Ganzen betrachtet ist der gegenwärtig zur Schau getragene Eifer, die Sklaveneinfuhr zu verhindern, wesentlich nur Parteigeschrei, zuerst von der Opposition erhoben und von der herrschenden Saquarema-Partei adoptirt, seit die brittischen Kriegsschiffe die im Stillen von der Regierung begünstigten brasilianischen Piraten in den Gewässern und Häfen Brasiliens selbst verfolgten.

Die Einfuhr der Sklaven in Brasilien war schon durch den Vertrag von 1826 und ein Gesetz von 1831 untersagt, aber alle Regierungen, welche bis heute auf einander gefolgt sind, haben die Augen gegen diese Einfuhr, welche unter der Herrschaft der Saquarema-Parthei bis auf 17,000 Köpfe jährlich stieg, zugedrückt.*) Besonders blühte dieser Handel in Bahia zu der Zeit, als der gegenwärtige Minister des Innern Präsident jener Provinz war. — Der Reichthum der Sklavenhändler hat diesen hinlänglichen politischen Einfluß verschafft und die Regierung sucht deshalb dieselben sich geneigt zu erhalten; wie sehr dies der Fall ist, zeigen die Decorationen, die denselben verliehen werden, wenn sie Stützen der Saquarema-Partei sind.

Man muß eine gute Portion Leichtgläubigkeit besitzen, wenn man alle die schönen Redensarten für baare Münze annimmt, welche jetzt in Brasilien gegen die Sklaverei Mode geworden sind. Oft stellt man sich auch gläubig, um in Europa über die wahre Ansicht zu täuschen.

Die elenden Argumente, welche Herr Gade zu Gunsten der Sklaverei in Brasilien angeführt, sind genau dieselben, welche brasilianische Sklavenhändler und Sklavenbesitzer schon vorbrachten, als Herr Gade noch als Knabe auf seines Vaters Gut Landwirthschaft trieb; mich wundert nur, daß ein Mann, der sich damit brüstet, acht Jahre auf berühmten Universitäten verlebt zu haben, und Humaniora studirt hat, sich

*) Selbst nach dem energischen Einschreiten Englands betrug im Jahre 1851, nach den Mittheilungen des brasilianischen Ministeriums, die Sklaveneinfuhr aus Afrika noch 3000 Köpfe!

die Sophismen der brasilianischen Sklavenhändler hat aneignen können. Alles, was diese Art Leute zu Gunsten der Sklaverei vorbringen, sind Vortheile, wie sie jedem einigermaßen gut gehaltenen Hausthiere werden. Daß der Sklave ein Mensch ist, mit einem entwickelungsfähigen Geiste mit Anlagen und Talenten mannigfacher Art ausgestattet, daß die Natur ihm dieselben Ansprüche als dem Weißen auf Freiheit, Selbstbestimmung, Glückseligkeit, Besitz, Familienleben u. s. w. verliehen, fällt diesen Leuten nicht entfernt ein. Es klingt sogar philanthropisch, daß der Sklave gewinne, wenn er aus Afrika nach Brasilien verkauft wird, und scheint sogar ein Verbrechen an der Menschheit zu sein, daß man nicht gestatten will, ihn der civilisirenden Peitsche brasilianischer Sklavenaufseher zu unterwerfen; aber gewinnt denn der Herr des Sklaven gar nichts durch seine Arbeit? Wenn aber der Sklave drei- bis zehnfach die Kosten seines Transports und Unterhalts seinem Herrn ersetzt und den Grad sogenannter Civilisation, der ihm in Brasilien beigebracht wird, erlangt hat, mit welchem Rechte bleibt er, seine Kinder und Kindeskinder Sklaven, ein Handelsgegenstand für Leute, die oft weit roher, weit gemüthloser als er sind, und die sich berechtigt halten, den Sklaven körperlich und geistig zu unterdrücken, nach Willkür seine Familienbande zu zerreißen, ja dieselben, wie oft genug geschieht, in viehischer Lust zu entwürdigen?

Unser neuer Wilberforce, Dr. Gade, nachdem er dem Sklavenhandel, im Styl des menschenfreundlichen Haley, sein Loblied gesungen, versichert dann mit gar süßer, frommer Miene, daß er ein geschworner Feind der Sklaverei sei, nicht im Interesse der Farbigen, „sondern“ (lediglich) „im wahren Interesse für die Besitzer der Sklaven,“ weil diese bei aller „rührenden Wachsamkeit“ die Sittlichkeit ihrer Kinder nicht retten können, und glaubt damit nun bewiesen zu haben, daß er ein Feind der Sklaverei sei. Es war dieser Ausbruch seiner rührenden Menschenfreundlichkeit aber sehr nöthig, um ausrufen zu können: „Und ich sollte der Mann sein, der dazu mitwirkt, daß man meinen Freunden, den deutschen Proletariern, Sklavenketten anlegte?!" Nun warum nicht, mein menschenfreundlicher Herr Doktor, es ist ja nach Ihrer Argumentation eine kleine Verbesserung der äußeren Lage und der Unterricht, ein frommes Kreuz zu schlagen, schon ein so hohes Glück, daß es die Sklaverei bis in alle Ewigkeit vollkommen rechtfertigt.

Die Sklaverei und, bei ihrer weiteren Beschränkung, die Leibeigenschaft, wird so sehr als die Bedingung zur Erhaltung des großen Grundbesitzes und der Monarchie erkannt, daß diejenigen Grundbesitzer, welche aristokratische Titel erlangt haben oder zu erlangen hoffen, alles Ernstes darnach streben, die konstitutionelle Monarchie in eine wahre und ächte Feudalmonarchie umzuwandeln, ganz nach dem Zuschnitt des Mittelalters. Ein in dieser Hinsicht lehrreiches kleines Schriftchen von einem Brasilianer erschien vor etwa drei Jahren, mit dem Druckort „Madrid" auf dem Titel, worin der Verfasser seinen Genossen, den brasilianischen großen Grundbesitzern, auseinander setzt, auf welche Weise man zu diesem für Brasilien nothwendigen Ziele gelangen werde. Der Verfasser sieht voraus, daß die Sklaveneinfuhr, bei der sich immer mehr und mehr verschlechternden Stimmung in Betreff der Sklaverei in dem überfeinten Europa, früher oder später werde aufhören müssen, und man daher bei Zeiten darauf Bedacht zu nehmen habe, wie man den großen Grundbesitz und die Herrschaft der neu begründeten Aristokratie befestigen wolle. Er spricht sich demgemäß ganz entschieden gegen die freie Einwanderung und die Ansässigmachung freier kleiner Grundbesitzer aus, und macht Vorschläge, welche in der Hauptsache in den Contraktsentwürfen formulirt erscheinen, welche Fröbel in Rudolstadt bei Gelegenheit der Werbung für die vielbesprochenen fünf Grundbesitzer publizirt hat. Besonders dringt der Verfasser darauf, den aus Europa eingeführten Plantagenarbeitern, euphemistisch Kolonisten genannt, jeden Handel und den Besitz und Gebrauch von Waffen zu untersagen. — Ich führe dieses hauptsächlich um deswillen an, um zu zeigen, daß unser Menschenfreund, Herr Gabe, nicht, wie er sich einzubilden scheint, der Messias für die deutschen Proletarier ist, sondern daß dieser erhabene Gedanke ächt brasilisches Gewächs und mir schon seit ein Paar Jahren bekannt ist. Vielleicht begreift Herr Gabe nach diesen Andeutungen, weshalb man ihn auf der Fazenda Independencia, als er, wie er sagt, bessere Garantien in Vorschlag brachte (die man nicht beachtete), trotz dem, daß er, wie er selbst sagt, ein Liebling des brasilianischen Volkes ist, für einen „preußischen Spion" hielt.

So lange England das Damoklesschwert über Brasilien hängen läßt, wird man dort von Seiten der Regierung die Sklaveneinfuhr einigermaßen zu verhindern suchen, aber ehe ich an den Ernst glaube, sie ganz zu unterdrücken, müssen ganz andere Wahrzeichen als bisher vorliegen, und ich werde namentlich erst dann an diesen Ernst glauben, wenn Brasilien der freien Einwanderung geöffnet und dieselbe durch eine umfassende Landvermessung und den Landverkauf ermöglicht sein wird. Auch 1843 verfolgte die damalige Regierung mit scheinbarem Furor die Sklavenhändler, aber, wie ein ministerieller Abgeordneter in der diesjährigen Diät sehr richtig bemerkte, damals (wie heute) nöthigte der Einfluß des englischen Ministeriums der Regiernng diesen scheinbaren Eifer auf.*) Derselbe Abgeordnete weist nach, daß ebenso 1849 die brasilianische Presse Artikel gegen den Sklavenhandel publizirte, wenn das englische Paquetboot im Begriff war, von Brasilien abzusegeln, und daß Sorge getragen wurde, diese Artikel übersetzt zur Kenntniß Lord Palmerstons zu bringen. Man genirt sich durchaus nicht, sich, wie folgt, selbst anzuklagen: „In unsern Häfen, Buchten, Städten, Flecken und Straßen treibt man den verbotenen Handel mit Negern; es giebt keine Fiskalbehörde, welche aus Convenienz oder aus Furcht, sich zu kompromittiren, die Reglements ausführte; es giebt keine Hafencapitainschaft, welche eifrig in der Erfüllung ihrer Pflichten wäre; selten sind die Magi-

*) Jornal do Commercio vom 14. Juli 1852.

stratspersonen, und glücklicherweise existiren diese noch" (sind noch nicht abgesetzt wegen ihres Eifers), „welche als solche in der Frage der eingeschmuggelten Neger einschreiten, selbst der Kaiserliche Palast . . . . wir wollen gar nicht einmal vom Herrn Majordomus sprechen . . . .," aber man hütet sich natürlich, die saumseligen Beamten, welche zugleich die Stützen der regierenden Partei sind, zur Verantwortung zu ziehen.*)

Man wird hieraus ersehen, daß die Note Lord Palmerstons an den brittischen Gesandten in Rio, vom 15. Oktober 1850,

---

*) Aus einem interessanten Aufsatze: The African Slave Trade, welchen der Pensylvanian Colonization Herald brachte und der im Nautical Magazine, Augustheft 1852, abgedruckt ist, entnehmen wir zur weiteren Unterstützung des im Texte Bemerkten noch folgende Stelle: „Indeed, Brazil not only allows her subjects to pnrsue this odious traffic without in any way endeavouring to interfere, but slave ships are permitted to this day to be armed, manned, fitted, and dispatched to the coast of Africa for slaves, in broad day, and with the cognizance and permission of the Brazilian authorities, not only in the outposts, but under the eye of the imperial government, in the capital of the empire! Occasionally a schow of a desire to arrest the evil is made, and men of humble station are sent out of the country in virtue of the power vested in the executive government, yet the great and notorious offenders, those who are widely known to have amassed colossal fortunes by this infamous crime, are permitted to remain unmolested."

„Often, when in consequence of information imparted to the government by a foreign legation, or by a foreign consul, or by a foreign naval officer, and which they must have infinitely better and surer means of obtaining — slave trading vessels are searched, and slave barracoons are inspected, it always happens that these proceedings are so delayed, and so conducted, that the slave traders have ample time to remove from their vessels all the fittings which constitute indications of slave trade, and to drive away from the barracoons the negroes who had therein collected."

Einzelne skandalöse Fälle und Aeußerungen in demselben Sinne sind auch in der Note des brittischen Gesandten vom 11. Januar 1851, gerichtet an den Kaiserlich brasilianischen Minister der auswärtigen Angelegenheiten, zu lesen. Siehe „O Seculo," Bahia, vom 15. Februar 1851.

in welcher er unter andern Wahrheiten auch die folgende sagt, auf gutem Grunde beruht: „Der Herr Paulino (brasilianischer Minister des Auswärtigen) ist nicht karg gewesen in Erklärungen und Versprechungen; aber diese Sächelchen fehlten niemals irgend einem brasilianischen Minister. Er schlug vor und die brasilianische Regierung verkündete wahrscheinlich auch ein Gesetz, welches in seiner letzten Gestalt das Gesetz von 1831 modifizirt und sicherlich nützlich verbessert. Indeß das Beispiel des Gesetzes von 1831 genügt um zu zeigen, daß in Brasilien die Existenz eines Gesetzes Etwas, seine praktische Ausführung aber eine zweite und sehr verschiedene Sache ist."

Wenn man das Entwürdigende, Unnatürliche und Unsittliche der Sklaverei nach allgemeinen Prinzipien erörtert, so sind die Freunde der Sklaverei und philanthropischen Heuchler sogleich mit einzelnen sehr seltenen Beispielen bei der Hand um an ihnen zu zeigen, daß die Sklaverei doch nicht ganz und gar so schlimm sei. Wer weiß es nicht, daß bei reichen, von Natur gutmüthigen Leuten, welche mit Haussklaven Luxus treiben, diese ein sehr faules und körperlich bequemes Leben führen, so lange eben als die Laune oder die wirthschaftlichen Verhältnisse der Herrschaft sie in solcher Lage beläßt; ganz anders aber ist die Lage der unendlich größern Zahl, welche das ihre Herren ernährende Lastvieh abgeben, oder unter der Fuchtel der Plantagenaufseher stehen. Möglich daß unser Menschenfreund, Herr Gade, auch den Akten mitleidloser Ausprügelung eine idyllische Seite abzugewinnen versteht, aber die sonst von Natur gutmüthigen Neger denken darüber ganz anders als Herr Gade; denn trotz der Verdummung, in welcher man sie durch alle Mittel zu erhalten sucht, bilden die Sklavenempörungen in Brasilien eine bis auf den heutigen Tag fast ununterbrochene Kette für das Land sehr gefährlicher Ereignisse. Besonders in den nördlichen Provinzen mit starker Sklavenbevölkerung hat man es oft mit Zusammenrottungen von Tausenden von Sklaven zu thun, obgleich dieselben sehr wohl wissen, daß beim Unterliegen Hunderte von ihnen den Galgen zieren werden. Noch die letzte Post brachte von einem solchen Aufstande in der Provinz Alagoas Nachrichten.

Amerika, einst vom St. Lawrence bis zum Rio de la Plata durchweg ein Sklavenland, gewährt nach dem kurzen Zeitraum eines halben Jahrhunderts einen ganz neuen Anblick. Nichts lehrt überzeugender den Fortschritt der Sittlichkeit und die wachsende Macht ächter Religiosität, als die Zerbrechung der Sklavenketten in diesem neuen Welttheil. Im ganzen ehemaligen spanischen Amerika ist die Sklaverei entweder schon ganz aufgehoben, oder wie z. B. in Venezuela ihrem Erlöschen durch weise Vorkehrungen nahe. Desgleichen ist in den brittischen und französischen Kolonien in Amerika die Sklaverei verschwunden. Nur der Süden der nordamerikanischen Union, die Reste der spanischen Besitzungen und Brasilien huldigen noch diesem mit dem allgemeinen Fluch beladenen System, wagen es aber bereits nicht mehr offen zu vertheidigen. In der nordamerikanischen Union zeigt sich dieses System bereits mächtig untergraben und die Zeit seines Sturzes naht dort mit Riesenschritten. Brasilien, umgeben von freien Ländern, in denen das Skaventhum verabscheut wird, dem Einflusse und der Einwirkung der ganzen civilisirten Welt bloßgestellt und im Innern von Partheien auf- und durchgewühlt, welche von steigendem gegenseitigen Hasse entflammt, sich immer drohender gegenüber stellen, birgt in seiner Sklavenbevölkerung, die der Zahl nach die Majorität ist, sicher ein furchtbares Element. Man sollte denken, daß eine wahre Staatsweisheit im Hinblick auf die Zukunft schon in der Gegenwart auf die allmälige Lösung der Sklavenfesseln Bedacht nehmen würde, aber die Gier nach augenblicklichen Gewinn beherrscht zu sehr Alle, und Leidenschaften verblenden die Träger und Stützen der Gewalt dergestalt, daß es keiner Prophetengabe bedarf, um die Stürme und Schrecken vorauszusehen, welche die moralisch verpestete Luft dieses Reichs in seinem Zusammensturz reinigen werden.

Das germanische Element, welches im Norden des amerikanischen Kontinents erfrischend und kräftigend alle Glieder der buntscheckigen Bevölkerung durchdringt, nach und nach dieselbe zu einer eigenthümlichen Nationalität einend, und immer weiter nach Süden vordringend, die indolenten, entnervten und demoralisirten Bevölkerungen der schönen Länder des Isthmus in den Kreis der Regeneration hineinzieht, könnte auch für Brasilien heilbringend werden, wenn seine Staatsmänner fähig wären sich über den engherzigen Standpunkt des ausschließenden Portugiesenthums zu erheben und den eitlen Traum von einer Feudalmonarchie aufzugeben, d. h. wenn sie den Willen und die Einsicht besäßen die Frage der freien Einwanderung zu lösen und durch die letztere eine wahre brasilianische Nationalität anzubahnen. Denn während in der Gegenwart, wie sich ein verständiger Brasilianer sehr richtig ausdrückte, das portugisische Regiment in Brasilien nur fortgesetzt wird, würde durch die freie Einwanderung, besonders durch die Aneignung der deutschen Emigration, welche keinerlei Gefahren der Einmischung einer großen europäischen Seemacht in die innern Angelegenheiten des Staats mit sich führt, deutsche Betriebsamkeit und Ausdauer nicht allein belebend und kräftigend auf den ganzen Staatsorganismus wirken, sondern, die vollste Gleichberechtigung der deutschen Brasilianer mit den Brasilianern portugiesischer Abstammung, und eine Gesetzgebung vorausgesetzt, welche die innige Verschmelzung des deutschen Elements mit dem vorhandenen portugiesischen anbahnte und erleichterte z. B. Einführung der Civilehe, Freiheit in der religiösen Erziehung der Kinder aus den gemischten Ehen u. s. w., sich im Laufe der Zeit deutsche Sitte, Art und Sprache mit den Eigenthümlichkeiten der portugiesischen verschmelzen nnd der neuen Mischnation einen eigenthümlichen selbstständigen Charakter verleihen, wie eine ähnliche Mischung des Deutschen, Altbrittischen und Normännischen den heutigen englischen Nationalcharakter erzeugt hat. Die Erreichung eines solchen Ziels ist aber wie gesagt nur denkbar wenn alle Glieder der brasilianischen Bevölkerung (wie in Nordamerika) in Freiheit wirken und sich gleichmäßig an den Staatszwecken und der Staatsregierung betheiligen können. Die Kasten- oder Racenherrschaft dagegen hat nur Kampf und Unterdrückung der Parteien, d. h. die permanente Revolution im Gefolge.

Die überaus geringe Bevölkerung des unermeßlich ausgedehnten Landes von welcher wie gesagt über die Hälfte zum Thier erniedrigt an dem Bestande des Reichs nicht das mindeste Interesse hat und der Rest unfähig ist, die großeu Reichthümer des Landes zu heben und das Reich gegen auswärtige Angriffe genügend zu schützen, reizt bereits die Blicke mächtiger und strebsamer Völker. Französische Geographen dehnen bereis die Grenzen von Cayenne bis zu dem wunderreichen Amazonenstrom und Rionegro aus, und der Senat und das Repräsentantenhaus in Washington finden Maury's Deduktion, daß die Mündung des Amazonenstroms nicht wie es dem gewöhnlichen Auge erscheint unter dem Aequator, sondern naturgemäß wegen der Strömungen und Winde, bei Florida liege, mithin dieser Strom eigentlich ein amerikanischer sei, sehr plausibel, und der Yankee pflichtet dem tapfern und geistreichen Offizier, Verfasser dieser Denkschrift (The River Amazon, Great Project) vollkommen darin bei, daß es eine schwere Sünde wäre, wenn die Nordamerikaner es unterließen, das reiche, jetzt müßig liegende, ausgedehnte Thal dieses Riesenstroms zu einem zweiten Ostindien, „welches vor ihrer Thüre liegt," umzuschaffen.

Im Süden gränzt das Reich an Staaten, welche vorläufig zwar eine sehr dünne, aber freie, tapfere und kriegerische Bevölkerung enthalten. Alle Machinationen des Kabinets zu Rio werden nicht verhindern, daß sich diese Bevölkerung durch Einwanderungen stärkt, und, wie die Natur es vorgezeichnet hat, sich zu einer Konföderation zusammenschließt. Die Gefahren, welche dem Reich von dieser Seite drohen, hat man in Rio .zu ahnen angefangen. Nur mit Mühe und großen Opfern hat man die Provinz Rio grande do Sul zu erhalten gewußt, und die Erfahrung hat gelehrt, daß Brasilien bei feindlicher

Berührung mit den in *einem* Sinne handelnden Plataſtaaten ſchon jetzt den Kürzern zieht. Der letzte „glorreiche" Feldzug Braſiliens durch die Cisplatina hat aller Welt die Schwäche des Reichs offenbar gemacht, und der Tag von Monte Caſeros iſt hauptſächlich durch die argentiniſche Kavallerie und, wie der gefallene Diktator anerkannt hat, zum Theil auch durch „die granitne Haltung" der in den braſilianiſchen Bataillonen untergeſteckten Deutſchen entſchieden, deren Gegenwart in dem Gefecht zu erwähnen kein braſilianiſcher General über ſich vermochte *).

Wo die Thatſachen laut ſprechen, geht die Wirkung der Phraſen verloren. Viele verſtändige Männer in den eben geſchloſſenen Kammern ſtimmen mit mir in der Anſicht überein, daß die Einmiſchungen Braſiliens in die Plata-Angelegenheiten und der Zuſtand, in welchem die braſilianiſche Armee in dieſem ſo lange vorbedachten Kriege aufgetreten iſt, nur die Gefahren von dieſer Seite her verſtärken.

Der engherzige Portugiſismus in Braſilien, welcher die alte Kolonialpolitik in Betreff der braſilianiſchen Bevölkerungen nicht portugieſiſcher Abkunft übt, in Verbindung mit der hartnäckig feſtgehaltenen Sklaverei, welche die allgemeine Demoraliſation in Gefolge hat, hemmt nicht allein jeden geſunden Fortſchritt, ſondern wird — nach meinem Urtheil — früher

---

*) Die Armee der Alliirten, welche den Diktator Roſas bei Monte Caſeros ſchlug, beſtand aus 48,149 Mann, worunter nur 4020, alſo der *ſiebente* Theil, Braſilianer und Deutſche waren. Die miniſteriellen Blätter Braſiliens gebährden ſich aber ſo, als gehöre die Ehre des Tags faſt ausſchließlich Braſilien. Solche Großſprechereien können nicht verfehlen, einen ſehr üblen Eindruck auf das ſtolze und reizbare Nationalgefühl aller Argentiner zu machen, und früher oder ſpäter eine Reaktion in der Meinung zu erzeugen, welche den politiſchen Beziehungen Braſiliens zu den argentiniſchen Staaten nachtheilig werden dürften. Wir glauben hiefür ſchon Symptome in der bisherigen Haltung der Regierung in Montevideo und in den neueſten Ereigniſſen in der argentiniſchen Konföderation zu erblicken.

oder später zur Auflösung des Reichs führen, mag dazu der Anstoß von Innen oder von Außen kommen.

Diese allgemeinen Betrachtungen dürften in dem Folgenden für jeden besonnenen Beurtheiler — wozu ich die von der brasilianischen Regierung abhängigen oder von ihren Fehlern Nutzen ziehenden Personen nicht zähle — ihre weitere Begründung finden.

Die innere Verwaltung des Kaiserreichs ist dergestalt zur Partheisache geworden, daß die Konstitution und die Gesetze leere Schatten geworden sind. Die jeweilige Regierung ernennt ausschließlich nur Männer ihrer Parthei zu Präsidenten der Provinzen und greift nach Belieben in den allgemeinen Schatz, um diese Freunde und Stützen zu bezahlen.

Der oben schon angeführte Senator des Reichs, Herr Manoel, nachdem er die von dem letzten Minister des Innern ausdrücklich als wahr bekräftigte Behauptung gemacht, daß einige Präsidenten außer den gesetzmäßigen Diенstgeldern im Betrage von 6000 Millreis (ca. 4000 Thlr. Preuß.) noch an Zulagen und Gratificationen 600 Millreis monatlich bezögen, fährt dann, ohne in der Senatssitzung von irgend einer Seite Widerspruch zu erfahren, etwa in folgender Weise fort: Die Wohlfahrt des Reichs gewahrt man allein in den südlichen Provinzen, die nördlichen Provinzen dagegen befinden sich in der entschiedensten Verlassenheit, in dem vollständigsten Elend. Die Präsidentschaften sind ein wahres Handelsgeschäft geworden, man bietet einer Person eine solche Stelle an, und macht dieselbe Umstände sie anzunehmen, so sagt man zu ihr: Sehen Sie, außer dem gesetzlichen Gehalte sollen Sie noch 10,000 Millreis, 20,000 Millreis empfangen; der Schatz hier ist sehr reich. Es sollen in dieser Weise 9 Millionen für die befreundeten Präsidenten, für besondere Missionen ausgegeben sein!! *) Alle urtheilsfähigen und mit den Zu-

*) Jornal do Commercio vom 14. Mai 1852.

ständen der Provinzen genau bekannten Männer stimmen in diesen Urtheilen des Senators Manoel überein.

In gleicher Weise besetzt die jeweilige Regierung die Stellen der Polizei-Chefs und die von denselben ressortirenden Stellen (Delegados und Subdelegados der Polizei benannt) in den Provinzen. Daß dieselben zumal in den von den größern Städten entfernten Ortschaften mit beispielloser Willkür wirthschaften, dafür bürgen die zuverlässigsten Zeugen *).

---

*) Aus der sehr ansehnlichen Sammlung welche mir in dieser Hinsicht zu Gebote steht, nur die folgenden der neuesten Zeit angehörenden Beispiele.

In der reichen Stadt Diamantina in Minas (beiläufig bemerkt ist Minas eine der bestverwalteten Provinzen) hatte ein öffentlicher Beamte einen seiner Nachbaren, einen einflußreichen Mann, in einer Nacht durch einigen Lärmen auf der Straße gestört. Dafür wurde er von der Polizei abgefaßt und mehrere Monate lang im Gefängniß eingesperrt gehalten, ungeachtet er nachwies, daß er ein Justizbeamter von guter Führung sei, und bei zwei verwaisten Brüdern Vaterstelle zu vertreten habe. Der Munizipalrichter requirirte seine Freilassung, aber alle seine Requisitionen wurden unbeachtet gelassen, ja nicht einmal beantwortet. Erst als die Verwendungen von allen Seiten „regneten", wurde der arme Beamte freigelassen (Jornal do Commercio vom 14. August 1852).

Daß man freie Leute geringern Standes völlig als Sklaven behandelt, wenn sie einflußreichen Leuten nicht unbedingt zu Willen sind, lehre das folgende eben daher entnommene Beispiel. Ein Kuhhirt Namens Furtado de Mendonça, welcher aufgefordert worden war, einige im Felde zerstreute Ochsen, welche einem Freunde des Subdelegirten der Polizei gehörten, zusammenzutreiben und nicht sogleich der Aufforderung folgte, wurde von der Polizei, ohne, wie es das Gesetz erheischt, dazu von dem Munizipalrichter authorisirt zu sein, sofort ins Gefängniß geschickt und daselbst angelangt den Polizeisoldaten übergeben, welche sich ohne Weiteres zu einem Gerichtshof konstituirten, den Gefangenen verurtheilten und ungeachtet derselbe nicht den mindesten Widerstand geleistet hatte, prügelten und verwundeten. Nach drei oder vier Tagen ließ man ihn frei.

Wie dagegen wohlhabende Leute, wenn sie mit der Polizei gut stehen behandelt werden, zeigt das eben daher entnommene folgende Beispiel. Ein gewisser Virg. Horat. de Oliveira ward wegen eines Mordversuchs auf einen Capitain festgenommen. Der Delegat, welcher ihm die

Da bei einer solchen Partheiregierung eine doppelte vielleicht dreifache Zahl Beamten für ein und dieselbe Stelle nöthig sind, so kann man sich leicht vorstellen wie es mit der Befähigung derselben aussieht. Man bedenke den solcher Gestalt geforderten Bedarf an Beamten für ein Land, welches an Ausdehnung ziemlich ganz Europa gleichkommt, die elendesten Kommunikationen (außer an der Küste zur See) besitzt und in 20 große Provinzen getheilt ist. Man ziehe ferner in Betracht, daß dieses Land nur circa 5 Millionen Menschen zählt, von denen mehr als die Hälfte zu den Hausthieren gezählt werden, ein anderer Theil in völliger Unabhängigkeit die Wälder durchschweift und endlich der intelligenteste und betriebsamste Theil, weil von Geburt Ausländer, von allen politischen Stellen ausgeschlossen ist. Und endlich vergesse man nicht, daß kaum in den größten Städten für den allernothdürftigsten höhern Unterricht gesorgt und der Elementarunterricht aufs Aergste vernachlässigt ist.

Unter solchen Verhältnissen kann natürlich von einer gründlichen und genügenden praktischen Vorbereitung der höhern Beamten nicht die Rede sein und man wird die lächerlichen Aeußerungen des Dr. Gabe (S. 36.), daß Brasilien gegen-

---

Unannehmlichkeiten des öffentlichen Gefängnisses sparen wollte, räumte ihm ein edles Haus ein, und damit der Angeklagte nicht die unreinliche Straße vor dem Gefängniß um zur Gerichtsstube zu gelangen passiren dürfte, gestattete er, daß er in seinem gegenwärtigen Logis vernommen würde, ja er that noch ein Uebriges, er beauftragte den Advokaten des Angeklagten mit der Beweisaufnahme. Dieser Stellvertreter des Delegaten in dieser Angelegenheit vernahm nun auch die Zeugen, welche der Angeklagte selbst aus dem Innern seines Lokals ihm vorführte und so wurde denn seine Unschuld bald klar und er sofort seiner Familie und seinen Geschäften zurückgegeben. — Von diesem Delegaten werden in demselben Bericht noch andere merkwürdige Thaten erzählt, ich bemerke nur noch, daß von zwanzig und einigen Mordthaten, welche in etwas mehr als einem Jahr (!!) in der Municipalität Diamantina vorgefallen, keiner der Urheber von der Polizei ermittelt worden sein soll. —

wärtig schon nicht allein rücksichtlich seiner Staatsmänner, sondern auch in Betreff der Philosophen, Aerzte rc. mit den kultivirtesten Völkern gleichzustellen sei, zu würdigen wissen. Solche Schmeicheleien können nur dazu beitragen, den ohnehin eitlen Brasilianer in der bisherigen Flachheit und dem Haschen nach dem Schein noch mehr zu bestärken und ihn die ernste Arbeit von Jahrhunderten, die es den Deutschen, Franzosen und Engländern gekostet hat um sich auf die gegenwärtige Kulturstufe zu erheben, als völlig überflüssig erscheinen zu lassen.

Die Präsidenten und Polizeibeamten besorgen in der neuesten Zeit die sogenannten Wahlen zu den Provinzialversammlungen und für die Landesvertretung, und es ist dabei eine ihrer Hauptaufgaben durch jedes Mittel dafür zu sorgen, daß die von der Regierung bezeichneten Personen ernannt werden. Der geneigte Leser wird mir wohl erlassen Beipiele für das skandalöse Verfahren, welches bei solchen Wahlen vorgekommen ist, anzuführen. Der Erfolg ist unter solchen Umständen natürlich entschieden für die Regierung. Weiter unten werde ich noch Gelegenheit haben anzuführen wie man in Brasilien die Opposition bei den Wahlen zu bestrafen weiß.

Es ist hier wohl der Ort auf die materiellen Fortschritte einen Blick zu werfen, die Brasilien, d. h. das ganze Reich und nicht blos die Hauptstadt desselben, gemacht hat, seit ich das Land verlassen habe; denn Herr Gade behauptet, daß das Land eine ganz andere Gestalt habe, als vor dem 7. April 1831. Daß er inzwischen den Zustand Brasiliens unter der Regierung D. Pedros I nicht kennt, und, obgleich brasilianischer Professor, nicht studirt hat, geht aus seinem eigenen Eingeständnisse hervor; mehr aber noch aus den Aufzählungen der vorgeblichen Fortschritte die es in der neuesten Zeit gemacht haben soll. In sichtbarster Verlegenheit weiß er jedoch nichts Nennenswerthes speciell anzuführen und deutet nur folgendes im Allgemeinen an:

1) die angeblichen Reformen bei dem Zollwesen in Rio de Janeiro. Er behauptet nämlich nichts Geringeres als: das

Zollhaus in Rio habe einen Inspektor „wie es vielleicht nicht Einen in ganz Europa giebt.“ An Handelsintelligenzen armes England, beeile dich deine höhern Zollbeamten nach Rio zu Herrn Angelo Munoz da Silva Ferraz in die Lehre zu schicken! Uebrigens versichere ich Herrn Gade, daß ich sehr wohl weiß, daß bei der Zollverwaltung, besonders in Rio, nicht mehr so viele und so grobe Unterschleife stattfinden als früher, namentlich zu den Zeiten der Regentschaft, aber einmal ist Rio nur ein Punkt in Brasilien und nicht Brasilien selbst, und zweitens ist die vermehrte Einnahme dieses Zollhauses nicht allein den Bemühungen des Herrn Munoz da Silva Ferraz zuzuschreiben, sondern wesentlich der durch die außerordentlich seit 1847 gestiegenen Sklaveneinfuhr vermehrten Produktion und in Folge derselben der Hebung des Handels überhaupt.

2) Die Verbesserungen der Posten. Herr Gade sagt, das Postamt in Rio de Janeiro*) sei nicht mehr, wie zu mei-

*) Ich hatte von dem brasilianischen Postwesen überhaupt gesprochen und die Briefbeförderung bezüglich der Correspondenz der Kolonisten wie folgt erwähnt: „Die deutschen Agenten, welche gegen gute Bezahlung diesem elenden System (der Kolonisation) dienen und denen für Geld Alles feil ist, haben nicht ermangelt, Briefe, angeblich von solchen Deutschen geschrieben, welche unter ähnlichen Verhältnissen (als Plantagenarbeiter) nach Brasilien spedirt worden sind, zu publiziren. In Betreff dieser sogenannten Dokumente diene die Antwort, daß auf allen Pflanzungen, in allen größern oder kleinern Kolonien in Brasilien irgend ein Wicht oder Speichellecker, der sich durch seine Augendienerei und Kriecherei gegen die Brasilianer, durch seine Hartherzigkeit gegen seine Landsleute, die er weidlich despotisirt, wenn er dazu Gelegenheit hat, und durch seine Habsucht auszeichnet, zum Direktor, Inspektor rc. gemacht wird. Durch ihn gehen dann auch die Briefe, welche die armen Eingewanderten nach Hause zu schreiben suchen. Von solchen Briefen hat Deutschland bisher noch nicht den zehnten, ja wohl nicht den zwanzigsten Theil gesehen, denn alle, die man sich nicht hat diktiren lassen, verlassen schon sehr selten die Kolonie, und würden die Lobhudelbriefe nicht in besondere Obhut genommen durch Einschlüsse an Kaufleute oder an Unterdrückungsgenossen und Mäckler, die mit deutschen Häfen in Verbindung stehen und für so und

ner Zeit, der Styx, in welchem alle Briefe (was ich nicht behauptet habe, sondern Herr Gade mir gefälligst unterzuschieben beliebt) bodenlos untergehen, im Gegentheil behauptet er, „daß das Postamt zu Rio (immer nur Rio wo von Brasilien die Rede ist) jetzt ein sehr gut und sicher eingerichtetes Etablissement ist, daß sich mit jeder ähnlichen Anstalt in Europa sehr wohl messen kann, und namentlich besser ist, als das Postamt in Dublin, wie er dasselbe kennen gelernt habe." An der Richtigkeit dieser Behauptung hege ich nach selbstgemachten Erfahrungen, die mir Herr Gade bestreiten könnte, nicht allein sehr starke Zweifel. Aber gesetzt auch das Postamt in Rio wäre eine solche Musteranstalt, was sie nach der eigenen Erklärung des brasilianischen Ministers des Innern (Siehe Jornal do Commercio vom 3. Juli 1852, Nr. 182) nicht ist, so ist damit meine Behauptung in Betreff der brasilianischen Posten überhaupt nicht im Mindesten widerlegt. Ich glaube hingegen, daß Jedermann der meine vorhin gegebene und die hier unten stehende Bemerkung liest, über Herrn Gades hyberbolische Auslassungen vom Gegentheil nicht gerade das Beste denken wird *).

---

so viel pro Kopf die Menschen herbeischaffen, ohne sich zu scheeren wozu, wohin und auf wie lange — so kämen auch diese nicht nach Deutschland, denn in dem unerbittlichen Styx, der in Brasilien die Post heißt, geht Alles ohne Gnade unter, was von oder an die „brutos Colonos" in ihrem „arabico" d. h. unverständlichen Gekritzel, geschrieben ist, da dort Niemand von den bei der Postverwaltung Angestellten deutsch lesen kann. (Die Länder im Stromgebiet des La Plata, S. 10., Anmerk.) Herr Gade übergeht diese Beziehung ganz, findet es dagegen zweckmäßig, mir einen andern Gedanken unterzustellen.

*) In der Sitzung der brasilianischen Deputirtenkammer vom 30. Juni 1852, also etwa zu derselben Zeit als der Doktor und Professor Gade mich in seiner Schrift (Seite 52) mit den Brasilianern verglich, die vor etwa 30 Jahren im Hannöverschen Reisen gemacht haben und welche nun ungläubig den Kopf schütteln, wenn man ihnen sagt, daß jetzt Hannover Eisenbahnen und gute Posten besitze (Hannoversches Postwesen und Bra-

Mag es bei diesen beiden von Herrn Gabe erwähnten Fortschritten, „welche das jugendliche Land in neuester Zeit ge-

---

silianisches zu vergleichen kann überhaupt nur einem Dr. Gabe beikommen) und in Bezug auf meine im Mai d. J. gefallene Aeußerung über die brasilianischen Posten bemerkte: Herr Kerst giebt sich durch „solche kolossale Unrichtigkeiten die größten Blößen," fand eine Debatte über die brasilianischen Posten statt, in welcher der Abgeordnete Moraes Sarmento im Wesentlichen Folgendes erwähnt: Ich werde meine Bemerknngen über das Budget damit beendigen, daß ich die Aufmerksamkeit Sr. Excellenz (des Ministers) noch auf die Posten lenke. Ich habe die Post loben gehört, aber nachdem zu urtheilen, was mir selbst begegnet ist, finde ich, daß sie nicht so ist, wie man vorgiebt, ich sehe keine wesentlichen Verbesserungen, im Gegentheil es gab Zeiten, wo man die Briefe geschwinder und schneller empfing. In diesem Jahre (1852) empfing ich einen sicher gemachten (rekommandirten) Brief, welcher im Jahre 1850 von der Hauptstadt in Piauhy abgesandt war; ein anderer, der mir von Rio grande (do Norte) im vorigen Jahr geschrieben war, wurde mir am selben Tage, den 29. April, übergeben. Briefe die ich von hier (Rio) abgehen ließ nach meiner Heimath (Piauhy) und nach Rio grande sind nicht angekommen, viele sind verloren gegangen! Von Pernambuco schrieb ich, sobald ich daselbst angekommen war, an einen Freund hieher (nach Rio) und gab den Brief eigenhändig auf die Post, inzwischen ist dieser Brief heute noch nicht angekommen. Es ist nicht blos ein oder das andere Mal vorgekommen, daß man einen Theil der angekommenen Briefe an einem Tage, nach 5 oder 6 Tagen die übrigen ausgehändigt hat. Was sich mit mir begeben, glaube ich, wird vielen Leuten begegnet sein. Ich erinnere mich, daß man sich im Senat im gleichen Sinne geäußert hat als ich es jetzt thue. Wenn ich, der keine weitläuftigen Verbindungen, keine große Correspondenz habe, fortwährend von der Post leide, während meine Briefe rekommandirt sind (sendo seguras) und ich dieselben nach 1½ oder 2 Jahren, oder gar nicht empfange, was wird dem Handel, Jenen begegnen, welche große Korrespondenzen führen? u. s. w.

Der Minister sucht natürlich den Postdienst von der besten Seite darzustellen, er gesteht aber in offenbarer Verlegenheit ein, daß es einige schlechte Postbeamte geben möchte, daß man sich in Rio zuweilen beklage über den Verzug bei Aushändigung der Briefe, daß das Postgebäude in Rio große Fehler habe und daß einige Abänderungen nöthig seien ....

Mit Recht erwiderte ihm Moraes Sarmento daß er von den (brasilianischen) Posten im Allgemeinen und nicht speciell nur von dem

macht hat", vorläufig sein Bewenden haben. Unser Doktor sagt zwar, daß er „noch viele hätte anführen können", aber er hat uns diese Freude nicht gemacht, ungeachtet er sich doch so gewaltig abmüht, Brasilien im rosigen Lichte erscheinen zu lassen, es „seinen Freunden, den deutschen Tagelöhnern" recht

---

Postamt in Rio gesprochen habe. — (Diese Taktik, Rio für Brasilien zu nehmen, wird von den Ministern nicht selten beobachtet; wir sehen, Herr Gade hat dieselbe gut abgesehen, nur überbietet er darin noch stark seine Meister.)

In einer spätern Sitzung der Abgeordnetenkammer, ich glaube es war am 31. Juli d. J., sagte der Abgeordnete Dr. Mello Franco, ein Mann, höchst selten in Brasilien, der wegen seines Charakters, seiner Kenntnisse, seiner Talente und unbestechlichen Wahrheitsliebe in ganz Brasilien hochgeachtet ist und den seine erbittertsten Feinde, und er hat deren Viele, weil er mit unerschütterlichem Muthe die Betrüger, Heuchler und Schmeichler entlarvt, und die skandalösen Akte der Agenten der Regierung, vor das Forum der Oeffentlichkeit zieht, keines moralischen Fleckens zeihen können, unter Anderen auch Folgendes: Ich werde nicht von der Landpost reden, bei welcher der Dienst sehr unvollkommen ist und das Abhandenkommen von Briefen und andern Gegenständen, die man ihr übergiebt, kontinuirt. Ich selbst war in diesem Jahre genöthigt einige Bücher (von Rio) nach Ouro preto zu übersenden, welche ich bei der kompetenten Stelle aufgab und dafür das gebräuchliche Siegel bezahlte, indessen die Post in Ouro preto empfing statt der Bücher ein Pack Journale, die man den Büchern substituirt hatte. Ich reklamirte bei der Verwaltung, wies nach daß ein Beamter Mißbrauch getrieben, indem er das Siegel in einer Weise angebracht hatte, daß es leicht gewesen die Veruntreuung zu begehen, man überzeugte sich davon, man konnte nicht läugnen, daß das Faktum auf dem Postamt vorgefallen sei .... aber damit scheint die Sache auch abgemacht gewesen zu sein .... Ich citire dieses Faktum nur um die Aufmerksamkeit der Regierung und der General-Direktion auf dasselbe zu lenken und werde nicht berichten, was sich in Betreff meiner Privatkorrespondenz begeben; denn ich kann nicht die Stelle angeben, wo man so große Sorge trägt meine Briefe zu lesen ...

Ich überlasse es nun ganz dem Belieben des Prof. Dr. Gade die citirten beiden Abgeordneten, mich und meine Freunde, die Gleiches berichtet haben, auch ferner noch zu beschuldigen, daß wir Alle „kolossale Unrichtigkeiten" berichten.

anziehend zu machen und die Pflicht hatte seinen Tadel des „gänzlichen Mangels an genauer Sachkenntniß der faktischen Verhältnisse,“ der sich in meinen Schriften finden soll, thatsächlich nachzuweisen.

Die religiösen Verhältnisse Brasiliens übergeht der Herr Professor Gade gänzlich, obgleich ich in meinen Schriften genügenden Anlaß geboten habe, sie in Betracht zu ziehen und dieser Punkt für deutsche Auswanderer immer einer umfassendern Erörterung würdig ist. Es wäre z. B. von einiger Wichtigkeit gewesen zu erfahren, ob meine Nachrichten von den Bemühungen österreichischer Jesuiten bei Protestanten in den deutschen Kolonien in Südbrasilien wohlbegründet sind, eventuell wer diese frommen Männer herbeigerufen hat und ob ihr Wirken vielleicht mit dazu beigetragen, daß die Kolonie S. Leopoldo „stark durch ihre so schnell (?) erlangte Wohlhabenheit und durch die Einwohnerzahl seit geraumer Zeit eine kühne Opposition gegen alle Regierungsmaaßregeln zu erkennen gegeben hat“ (Gade, Bericht S. 22). Für eine solche Opposition, wenn sie wirklich vorhanden sein sollte, müssen doch sehr gewichtige Ursachen vorhanden sein und Herr Gade hatte, nach meinem Bedünken, die Pflicht dieselben anzugeben, um nicht durch eine solche Phrase möglicherweise den Verdacht anzuregen, daß es ein schlechter Geist sei der diese Kolonie, welche der Stolz der Riograndenser ist, zur Opposition treibt. Es ist merkwürdig genug, daß fünf Millionen Deutsche in Nordamerika nichts von Opposition gegen die Regierung der Union blicken lassen, während eine Handvoll Deutsche in Brasilien dazu geneigt sein sollen. Ich fürchte sehr, daß es ähnliche Ursachen sind, als die, welche die treuesten Soldaten der Erde, wofür die Deutschen anerkannt sind, in Brasilien immer zu Revolten treiben.

Nach dem brasilianischen Staatsgrundgesetz ist zwar die römisch-katholische Religion Staatsreligion, aber alle andern Religionen sollen freie Uebung haben. Es kommt nur darauf an, daß die Bestimmungen der Konstitution gewissenhaft beachtet werden, was leider nicht immer und in allen Stücken geschieht. Damit die Protestanten in Brasilien von dem ihnen gesetzlich zustehenden Recht freien Gebrauch machen können, ist es sehr rathsam, daß sie sich nur in größern Gemeinden ansiedeln, und mit einander in lebendigem Verkehr erhalten.

Wie das religiöse Leben in dem katholischen Theile der brasilianischen Bevölkerung sich äußert, habe ich beiläufig schon an einem andern Orte angedeutet und wer sich darüber näher zu unterrichten wünscht, der lese unter Anderm das Diario de Rio de Janeiro vom 29. und 30. Januar 1852 *).

Die brasilianische Justizpflege wagt selbst Professor Gade nicht zu rühmen, aber seinem Lobhudelsystem getreu drückt er sich doch so aus, daß seine Freunde, die deutschen Tagelöhner, ja Nichts von der skandalösen Rechtspflege merken sollen. Er sagt: „Bekannt mit den Mißbräuchen die der brasilianischen Justizpflege leider noch **theilweise** anhängen" und verweist mich in einer Anmerkung triumphirend auf eine Thatsache die beweisen soll, daß sich auch in dieser Beziehung „Vieles" zum Besten gekehrt, seitdem ich Brasilien verlassen habe. Diese Thatsache besteht in Nichts Geringerm als „in einem Bunde junger brasilianischer Richter, an dessen Spitze ein Freund des Herrn Gade, der Munizipalrichter (der kleinen

---

*) Siehe auch einen Correspondenzartikel im Jornal do Commercio vom 12. Mai 1852 aus Maranhao aus dem ich nur den folgenden Passus entlehne: „Unglücklicher Weise ist unter uns das Leben eines (kath.) Geistlichen das letzte, welches verkommene und korrumpirte Menschen ergreifen, häufig nur in der Absicht um der Rekrutirung zu entgehen! Es ist noch nicht lange her, daß ein Journal dieser Stadt, als es vom Klerus sprach, sich wie folgt ausdrückte: „„Er hat alle denkbare Laster (vicios), ausgenommen das der Heuchelei."" Und so ist es unglückseliger Weise .... „In Pará stehen die Dinge, wenn es möglich ist, noch schlimmer, ich glaube, daß in ganz Brasilien die Differenz nur in einem Mehr oder Weniger besteht."

Flecken) Porto d'Esstrella und Petropolis steht." Welche Mitgliederzahl dieser Bund hat, durch welche Mittel er wirkt, über welche Provinzen er sich ausdehnt, wie sich seine Thätigkeit in wirklichen Thaten ausspricht u. s. w., davon sagt er natürlich kein Wort. Daß die Wirkung dieses Bundes zur Zeit noch eine äußerst bescheidene ist, wird durch die von allen Orten des großen Reichs ertönenden Klagen, welche in der Gegenwart noch genau dieselben sind als vor 20 Jahren, erwiesen. Für mein Urtheil sprechen außerdem die über diesen Gegenstand noch in der letzten Diät stattgefundene Verhandlungen in den brasilianischen Kammern und alle seither mir zugegangenen Privatnachrichten, und hierauf gestützt wiederhole ich, daß der brasilianischen Rechtspflege nicht bloß „theilweise" Mißbräuche anhängen, sondern daß dieselbe zur Zeit noch durch und durch faul und demoralisirt ist.

Man braucht eben kein Jurist zu sein um aus der Thatsache, daß die Untergerichte die Erkenntnisse des höchsten brasilianischen Gerichtshofs nicht allein nicht respectiren, sondern nach ihrem Gutdünken, als wären sie die höhere Appellationsinstanz dem höchsten Tribunal gegenüber, wie es doch umgekehrt der Fall sein soll, abändern und eine von ihnen entgegengesetzt gefaßten Beschluß zur Ausführung bringen, auf eine wunderbare Art von Rechtspflege schließen zu können *). Ich habe hier nicht den Raum, die brasilianische Rechtspflege bis ins Detail zu erörtern; aber den deutschen Auswanderern, besonders denen zur Belehrung, welche im Innern des Landes, auf den Plantagen und entfernt von den Hauptstädten angesiedelt werden, führe ich folgende Beispiele an. Mein Gewährsmann ist der schon früher von mir erwähnte Abgeordnete Mello Franco, welcher außer andern auch folgende Fälle in der Deputirtenkammer zur Sprache brachte.

Der Munizipalrichter des Fleckens Uberaba in der Pro-

*) Siehe die Verhandlungen in der brasilianischen Deputirtenkammer.

vinz Minas, der zugleich Ortspfarrer ist, verurtheilte einen Kaufmann daselbst, Namens Theodoro Goncales de Oliveiro, in einer Civilstreitsache zu 20 Monaten Gefängniß und 300 Millreis Geldstrafe. Der Verurtheilte aber, als ihm das Erkenntniß zugestellt wurde, sagte zu dem Richter: Lieber Herr Richter! accomodiren Sie sich und die Geldbuße bleibe für Sie. So geschah es, der Richter steckte das Geld ein und absolvirte den eben Verurtheilten durch ein anderes Erkenntniß. — Derselbe Richter sprach zwei des Mordes verdächtige Individuen, gegen welche die förmliche Anklage erhoben war, ohne alle Ceremonien frei. — Er gestattete ferner, daß eine Sklavin, die ihre Herrin ermordet hatte, aus dem Gefängniß gezogen und verkauft wurde. — Auch befreite er gegen eine Summe von 300 Millreis einen gewissen Garcia, der gleichfalls als Mörder angeklagt war. Dieser Gefangene besaß aber nicht die benöthigten 300 Millreis, um seine Freiheit zu erlangen, selbst, und sah sich also genöthigt zu borgen. Mitleidige Seelen waren bereit, ihm, zwar nicht baares Geld zu leihen, aber den Betrag in andern Gegenständen, z. B. Häute, in Vorschuß zu geben, und der gute Richter ließ sich auch diese Art der Bezahlung gern gefallen*).

Bei dem sittlich verwahrlosten Zustande des Landes im Allgemeinen, bei der Herrschaft des Partheihasses, bei der durch die Sklaverei erzeugten Demoralisation, und insbesondere bei der miserabeln Polizei- und Justizverwaltung kann es Niemanden befremden, daß vielleicht in keinem Lande der Welt verhältnißmäßig so viele Morde vorkommen und ungestraft bleiben, als in Brasilien. Hiebei machen wiederum die beiden südlichsten Provinzen, Rio Grande und St. Catharina, eine erfreuliche Ausnahme. Herr Gade zeigt sich sehr empört, daß ich diese Nachtseite im brasilianischen Leben leise angedeutet hatte**); aber auch andere ehrenwerthe Männer, Brasilianer

*) Siehe Jornal do Commercio vom 2. August 1852.

**) Herr Gade läßt sich (S. 55) folgendermaaßen über meine frü-

selbst, die man doch wohl füglich nicht beschuldigen kann, daß sie aus „Privatrache“ die brasilianischen Zustände nicht in

---

hern Schriften aus: „Alles wird dabei durcheinander geworfen, Gutes und Schlechtes, Sicheres und Unsicheres, und Brasilien sieht darin wie eine Mördergrube aus, während es doch gerade das Land ist, wo ich (Gade) durch meine Bestrebungen meinen Freunden, den deutschen Tagelöhnern, eine schöne, ruhige und sorgenfreie Existenz“ (die haben die Sklaven ja nach Herrn Gade auch) „zu schaffen bemüht bin und schaffen werde“ (Cuitadinho!); und S. 74 äußert er wörtlich: „Herr Kerst meint, die Wege seien so unsicher in Brasilien, daß den Kolonisten ihr Caffee, wenn sie ihn selbst transportirten, gestohlen werden dürfte. Ich kann Herrn Kerst nun aber versichern und ich weiß bestimmt, daß mir Niemand, der Brasilien kennt, ein Dementi geben wird, daß Brasilien das sicherste Land in der Welt ist.“ (!!) Nun, mein geehrter Leser, ich habe fast immer, wo Thatsachen erwähnt worden, nur Brasilianer sprechen lassen und zwar Männer, die in ihrem Lande im höchsten Ansehen stehen, und denen man sicher eine genauere Kenntniß ihres Landes zutrauen wird, als Herrn Gade, urtheile selbst, ob solche Redensarten wie die, mit denen dieser Herr Gade um sich wirft, noch irgend welch' Vertrauen verdienen. Um aber des Herrn Gade „heilige Wahrheitsliebe“, mit der er meine Schriften kritisirt, beurtheilen zu können, lasse ich den Passus aus dem „Votum“, den Herr Gade in seiner Weise citirt hat, hier folgen: „Was den in Rede stehenden Caffeehandel betrifft, so begreife ich die Zärtlichkeit der Gutsbesitzer für das Einstreichen des Geldes ihrer sogenannten Kolonisten, welches diese im Schweiß ihres Angesichts verdient haben, um so besser, als es den Letztern ja bei der großen Unsicherheit, welche in so vielen Gegenden Brasiliens herrscht, wie noch die neuesten brasilianischen Zeitungen erzählen, bei der so total gesunkenen Moralität der Bevölkerung im Allgemeinen (in einem Monat d. J. waren allein drei Vatermorde zur Kenntniß der Behörden gekommen und im „frommen Bahia par excellence“ meldeten sich 4—5000 Erwachsene und Minorennen in drei Tagen als ungetauft, als das bekannte Edict über Einregistrirung der Gebornen und Verstorbenen in Kraft treten sollte) leicht gestohlen werden könnte, und das Geld um so sicherer in den Händen des „„Herrn““ ist, als derselbe sich selbst damit seine Lieferungen immer prompt bezahlen kann.“ — Hieraus hat Herr Gade, wie oben angeführt ist, gelesen, daß den Kolonisten ihr Caffee auf dem Wege beim Transport gestohlen werden könnte!! — Uebrigens halte ich alles Thatsächliche, was der hier zuletzt aus dem „Votum“ citirte Passus anführt, Wort für Wort

dem glänzenden Lichte wie Herr Gade schauen, äußern sich in dieser Beziehung weit stärker, als ich es gethan.

Wer seinen Blick über die Stadt Rio de Janeiro hinausrichtet, und sich bemüht hat, eine Totalanschauung von dem ganzen Reiche zu gewinnen, wird, wenn er sonst ein ehrlicher Mann ist, nur mit mir bedauern können, daß die inneren Zustände Brasiliens sich nicht in einer glänzendern Lage befinden. Die folgende kurze Scene, welche im Mai dieses Jahres in der brasilianischen Deputirtenkammer spielte, wird für jeden Unbefangenen genügen, Herrn Gade's Ausfälle gegen mich zu würdigen.

Der Abgeordnete für Pará, Souza Franca (ehemaliger brasilianischer Minister), liest aus dem an die Provinzialversammlung gerichteten Bericht des Präsidenten der Provinz Maranhao: Indem ich über diesen Gegenstand (die öffentliche Sicherheit) handele, betrübt es mich, Ihnen zu sagen, daß die Provinz, welche Sie repräsentiren, in dieser letzten Zeit eine traurige Berühmtheit erlangt hat; sie figurirt unter den andern, als wäre sie das Theater, auf welchem sich in jedem Augenblick Dramen darstellen, deren Entwickelung der Mord ist u. s. w.

Abgeordneter Jansen do Paço: Und in Pará mordet man nicht?

Souza Franca: Eine Vergleichung der Statistik von Pará mit der von Maranhao zeigt, daß es in Pará vielleicht nicht einen Mord auf zehn Morde in Maranhao giebt.

Jansen do Paço: Das gilt nur von dem Süden von Maranhao.

Um das Bild der allgemeinen Zustände, besonders in so-

---

gegen Herrn Gade aufrecht, bis er den unwidersprechlichen Beweis geführt hat, daß die offiziellen Blätter und das Schreiben des Herrn Erzbischofs von Bahia (abgedruckt im Diario do Rio de Janeiro vom 30. Januar 1852), auf welche ich mich dabei bezogen, nichts als Unwahrheiten enthalten.

weit es auch für deutsche Auswanderer Interesse hat, zu vervollständigen, will ich noch Einiges über die bewaffnete Macht Brasiliens erwähnen. Auch diesen Gegenstand übergeht Herr Gade ganz mit Stillschweigen, obgleich er in meinen Schriften stark genug betont worden ist, und derselbe die Auswanderer sehr nahe berührt.

Für den Unabhängigkeitskampf und gleich darauf für den Krieg im Süden ward unter der Regierung des Kaisers D. Pedro I mit großen Opfern ein Landheer und die Flotte geschaffen, und beide, theils von Ausländern, namentlich Deutschen und Engländern, theils von altportugiesischen Offizieren, welche sich für die neue Ordnung der Dinge erklärt hatten, organisirt. Es war natürlich, daß eine Masse junger Brasilianer schnell in höhere Stellen aufrückte, ohne die nöthige militairische Bildung zu haben; aber nach und nach bekam sowohl die Flotte als das Landheer ein leidliches Ansehen; besonders erhielt die Linie und die Miliz von Rio grande do Sul, während des kurzen Zeitraums, daß General Braun ($18\frac{27}{28}$) intermistisch das Ober-Commando der Südarmee führte, eine ziemlich gute militairische Haltung und Dressur. Dies Ergebniß war aber nur durch eine Strenge, wie sie die englische Armee kennt, welcher dieser General angehört hatte, und durch eine außergewöhnliche, vollends in Brasilien unerhörte Activität zu erreichen. Auch ward mit unerbittlicher Strenge den Betrügereien in der Militairverwaltung ein Ende gemacht und die Verpflegung verbessert. Dieser Ernst erregte dem General und dessen vertrautesten Gehülfen (zu denen ich zu gehören die Ehre hatte*)) viele und unversöhnliche Feinde, deren Intriguen am Hofe es bald gelang, die verhaßten „Ausländer" außer Thätigkeit zu setzen. Gleichzeitig organisirten deutsche Offiziere die ihrer Zeit viel besprochenen Gardebataillone in Rio de Janeiro. So hatte Brasilien allmälig eine

*) Siehe Defeza, e Relatorio do Marechal de Campo Gustavo Henrique Brown, perante o Conselho da Guerra. Rio de Janeiro 1829.

Armee erhalten, wie es seitdem keine wieder gesehen hat. Die Auflösung dieser Armee wurde das Tagsgeschrei derjenigen, welche die Regierung des Kaisers um jeden Preis stürzen wollten. Am 7. April 1831 fiel mit dem Kaiser auch die Armee *). Die Geschichte der darauf folgenden Regentschaft ist eine Geschichte der Anarchie in den Provinzen. Die Provinz Rio grande do Sul, welche durch ihre besser organisirte und geübte Miliz die kräftigste war, und wenig Sklaven zählt, widerstand 9 Jahre lang der ganzen Macht des Kaiserreichs. Nach der Ermüdung der sich in der Provinz bekämpfenden Partheien und indem man Geld und Schmeicheleien nicht sparte, kehrte sie zum Reich zurück. Erst seitdem der junge Kaiser D. Pedro II die Regierung selbst übernommen und der Krieg im Süden auf's Neue in Aussicht stand, suchte man ein stehendes Heer wieder zu schaffen. Dieses neue Heer hat Nichts mit dem alten, von Europäern influirten, gemein, außer einigen Reminiscenzen durch die damals jungen Brasilianer, welche in der alten Armee ihre Offizier-Laufbahn begannen, es können also das neue Heer und die sonstigen Heereseinrichtungen als wesentlich rein brasilianische Gewächse betrachtet werden. Ich behalte mir vor, bei einer andern Gelegenheit

---

*) Entschuldigen Sie, Herr Gade, daß ich, um mich Ihres höhnenden Ausdrucks zu bedienen, „wieder einmal den Kriegsmantel von 1830" umhänge. Aber trotz der Idiosynkrasie, welche Sie gegen alle unangenehmen Erinnerungen, insofern sie der ungerechten, übermüthigen, mitleidlosen, ja grausamen Behandlung von sehr vielen Tausenden unserer deutschen Landsleute in Brasilien anhaften, an den Tag legen, so halte ich es doch für sehr nützlich, ja unerläßlich, die Vergangenheit gründlich zu kennen, wenn man von Fortschritten in der Gegenwart reden will. Studiren Sie daher erst genauer die Geschichte Brasiliens, was Sie, nach Ihrer Schrift zu urtheilen, bisher ganz unterlassen haben, und bemühen Sie sich ernstlich um die Kenntniß dieses ausgedehnten Landes, wozu mehr gehört als ein Aufenthalt von ein Paar Jahren in der Stadt und Umgegend von Rio und ein Umgang mit einigen Fazendeiros und Partisanen der regierenden Parthei, ehe Sie über brasilianische Zustände zu schreiben unternehmen.

diese Merkwürdigkeiten specieller zu beschreiben, denn wie ich schon S. 20. und 21. angedeutet habe, es steht mir auch in dieser Hinsicht ein sehr reiches Material zu Gebote.

Ueber die Recrutirung für Heer und Flotte giebt es in Brasilien kein eigentliches Gesetz. Ganz nach Gutdünken und Laune verfügen die Minister des Kriegs und der Marine an die verschiedenen Provinzen, daß sie respective so und so viel Mann zu liefern haben. Diejenige Provinz, in welcher am meisten oppositionelle Abgeordnete gewählt werden, oder welche aus andern Gründen nicht das Wohlwollen der Herren Minister genießt, hat in der Regel die meisten Recruten zu liefern. Wie nun zuweilen im Einzelnen diese Recrutirungen in den Provinzen vorgenommen werden, wird wohl durch ein Beispiel aus dem Leben gegriffen, wie es in einer der diesjährigen Julisitzungen der Deputirtenkammer vorgetragen wurde, am leichtesten anschaulich; denn man kann sich leicht denken, daß es dabei an großen Verschiedenheiten nicht fehlen wird.

In dem Orte Bagagem in der Provinz Minas erscheint ein Offizier, um zu rekrutiren. Unterstützt vom Richter des Orts, ergreift er nun die Bürger, wie sie ihm gerade vorkommen, und läßt den Ueberschuß über die Zahl, die er eigentlich will, gegen Erlegung von 10 bis 20 Millreis pro Kopf wieder frei. Unter dem Titel gehabter Kosten bei der Rekrutirung muß die kleine Bevölkerung noch 175 Millreis (also eine förmliche Kriegssteuer) aufbringen und das Rekrutirungsgeschäft ist beendigt. Nebenbei aber erregt das Verfahren einen Conflikt mit der bewaffneten Macht und 20 Menschen verlieren das Leben *).

Dies Beispiel gehört nun wohl nicht zu den ganz gewöhnlichen, aber auf mehr oder weniger Brutalität kömmt es da nicht an, wo die absolute Willkür das Verfahren bestimmt. Nach der Instruktion soll freilich hauptsächlich das Gesindel

*) Siehe Verhandlungen in der brasilianischen Deputirten-Kammer, Jornal do Commercio vom 8. Juli 1852.

(vadios) für die Vertheidigung des brasilianischen Vaterlandes und die Aufrechthaltung der Ordnung rekrutirt werden, aber da keine scharfe Grenze gezogen ist, nicht gezogen werden kann, und das Verfahren rein in der Hand eines Beamten liegt, so ist dem Partheihaß und der Privatrache untergeordneter Geister ein weiter Spielraum gegeben. Man ergreift demnach auch gerne unliebsame zur Opposition sich neigende Individuen, gleichgültig ob diese „freien Bürger" des constitutionellen Brasiliens verheirathet sind oder nicht. Diese charakteristische Form der Rekrutirung ist besonders in diesem Jahre sowohl im Senat, als in der Deputirtenkammer bei verschiedenen Gelegenheiten zur Sprache gebracht worden, man hat energisch auf die Erlassung eines vernünftigen, Garantien bietenden Gesetzes gedrungen, welches die Rekrutirung in gerechterer Weise regelt, aber das Ministerium hat sich ganz entschieden dagegen gestemmt. — Es finden nämlich nächstens neue Wahlen statt und diesen wird wieder eine Rekrutirung folgen.

Einem Europäer, zumal einem nicht verbrasilianisirten Deutschen, kömmt diese Rekrutirungsform sicher fabelhaft vor; aber wer sich von der Richtigkeit des eben Gesagten überzeugen will, der braucht nur die diesjährigen Verhandlungen der brasilianischen Kammern zur Hand zu nehmen.

Jeder brasilianische Bürger, welcher nicht für die Flotte oder Linie rekrutirt wird, bleibt bis zum 40sten Jahre der Miliz angehörig. Die Reichen drücken sich von diesem Dienst in der Regel am Leichtesten dadurch, daß sie sich von der Regierung Offizierspatente verschaffen. Bei Sclavenaufständen oder sonstigen partiellen Unruhen in einer Provinz wird die locale Miliz activ. Da nun die active Miliz nicht das Wahlrecht üben kann, so kömmt es vor, daß, wenn ein Abgeordneter oder Senator in einer Provinz gewählt werden soll, und man vermuthet, daß der Candidat der Opposition die meisten Stimmen erhalten könnte, plötzlich ein Theil der Miliz, da wo die Opposition am Stärksten hervortritt, zusammenberufen und in Marsch gesetzt wird.

Sowohl bei der Linie, als bei der activen Miliz kömmt noch der alte Militair-Codex des berühmten Grafen von Lippe, welcher einst portugiesischer Generalissimus war, zur Anwendung, d. h. der freie Bürger des constitutionellen Brasiliens unter den Waffen wird von jedem Offizier, selbst bei den kleinsten Dienstversehen, nach Herzenslust und Laune wacker geprügelt.

Daß die deutschen Arbeiter, oder wie Herr Gade sie gerne nennt, „meine Freunde, die deutschen Tagelöhner", auf den Plantagen, wenn sie nicht ganz nach dem Willen ihres „Herrn" leben, oder auch die in schwachen Gruppen zusammenlebenden freien Kolonisten, keine Sicherheit dagegen haben, gelegentlich recrutirt zu werden, ist offenbar, und als brasilianische Bürger in die Miliz eingereiht, sind sie, wie gesagt, einem Prügelsystem unterworfen, wie es in keinem auch nur einigermaßen civilisirten Lande in dem Maaße als in Brasilien noch existirt.

Ich glaube nicht zu irren, wenn ich diesen Umstand auch als eine der Ursachen der Opposition ansehe, welche sich in der Kolonie St. Leopoldo gezeigt haben soll; denn man hat mir von sonst wohl unterrichteter Seite die Abschrift einer Präsidial-Ordre mitgetheilt, die ich zuerst in meiner Schrift: „die Länder im Stromgebiet des La Plata", S. 9. Anmerk., abdrucken ließ*), und ferner bin ich benachrichtigt worden, daß man die Kolonisten, von denen sehr viele noch nicht brasilianische Bürger geworden sind, in ein Miliz-Corps zu vereinigen getrachtet habe, welches den glorreichen Spaziergang durch die Cisplatina, welcher den Herren Generalen Beförderung und

*) „Dem Director der Kolonien wird aufgegeben, für das Kaiserl. Marine-Corps jene jungen Leute von 10 bis 16 Jahren zu rekrutiren, welche nicht in den National-Elementarschulen" (portugiesischen Schulen) „eingeschrieben, oder welche nicht fleißig sind, oder Söhne brasilianischer Väter oder von Kolonisten im Lande geboren sind." Diese Präsidial-Ordre trägt nach der mir mitgetheilten Abschrift das Datum Porto alegre den 8. Januar 1850.

große Titel eingetragen und einige Lieblinge von armen schnell zu reichen Leuten gemacht hat, mitmachen sollte. Auf beide Intentionen, die Knaben für die Marine zu rekrutiren*) und die Väter derselben in das active Landheer einzureihen, soll aber, nachdem man die Stimmung über diese Zumuthungen in der Kolonie (welche, wie Herr Gade sich ausdrückt, **stark** durch Wohlhabenheit und durch die Einwohnerzahl ist) als eine undankbare erkannt hatte, verzichtet worden sein.

Die Armee trat demnach ohne die Kolonisten von S. Leopoldo den seit Jahren in Aussicht genommenen Feldzug an. Die Soldaten, fast gänzlich von der nöthigen Bekleidung ent-

---

*) Das Schicksal solcher Knaben in der brasilianischen Marine schildert ein Correspondent des Nautical Magazine (siehe Octoberheft 1852. S. 552) wie folgt: „Unlängst ward eine große Zahl Knaben von Liverpool nach Rio verschifft, wo sie seit Kurzem gelandet worden. So kurz aber auch erst ihr Aufenthalt hier ist, so genügt er doch für sie, um die niederträchtigste Behandlung genossen zu haben. Sie werden hauptsächlich in dem kleinen in Mitte des Hafens liegenden Fort Villeganhao aufbewahrt, zum Steinbrechen oder zum Sammeln von Muscheln zum Kalkbrennen angehalten, erbärmlich verpflegt, und ihr Sold wird ihnen aus Furcht, daß sie desertiren könnten, vorenthalten. Es ist ihnen nicht gestattet, irgend einen Brief an ihre Freunde zu schreiben, und sie würden tausendmal besser daran sein, wenn sie auf einem unserer (brittischen) Gefängnißschiffe eingesperrt wären. Zwei kleine Burschen, als sie eines Tages einen englischen Seeoffizier in Mr.—s. Magazin gewahrten, sprangen an ihn heran und erzählten mit Thränen in den Augen die Behandlung, welche sie zu erdulden hätten und die in der That der Art ist, daß ich es unmöglich finde, sie schriftlich wiederzuerzählen. — Diese zwei Burschen (der älteste war 12 Jahr alt) baten den Offizier, sie an Bord des englischen Admiralschiffs mitzunehmen. Er konnte aber nicht zu ihren Gunsten einschreiten, denn sie wurden in demselben Augenblick zu ihrem Boot abgerufen, wo sie mit den Füßen gestoßen und geschlagen wurden in einer Weise, an die zu denken schon das Blut jedes Engländers kochen macht." (Hiervon, sagt der Correspondent, habe ich oft Gelegenheit gehabt, Zeuge zu sein.) „Landsleute, ich bitte, ich beschwöre euch, welche Ursache euch auch zu extremen Handlungen bestimmen mag, haltet euere Kinder brasilianischen Händen fern! Stellt euch einen Engländer von einem Brasilianer als Sklaven und schlechter behandelt vor!"

blößt, seit Monaten nicht bezahlt, ohne Proviant und Medicamente, unzulänglich mit Waffen und Kriegsmunition versehen, unter welcher ein Theil der Patronen statt mit Pulver, mit einem Gemenge von Sand und Kohlen gefüllt war; die Cavallerie (in einem Lande, wo es so große Heerden giebt!) mit den Sätteln auf den Rücken, weil der Unternehmer, ein brasilianischer Baron und Offizier, das Geld für den Ankauf von Pferden, wie als höchst wahrscheinlich nachgewiesen ist, in die Tasche gesteckt hatte und vorgab, die von ihm angekauften, an der Grenze auf streitigem Gebiet versammelten Tausende von Pferden seien ihm plötzlich gestohlen worden, von denen man aber auch später, als man in die Eisplatina eingerückt war und Oribe dem Argentinischen Generale gegenüber capitulirt hatte, nicht eine Spur entdeckt hat. Während dieses brasilianischen Feldzugs, der auch in strategischer Hinsicht ebenso denkwürdig als durch die Mobilmachung ist, ward den armen Freunden der Regierung jede Gelegenheit gegeben, auf Kosten der armen Soldaten und des brasilianischen Staatsschatzes sich in ein Paar Monaten große Reichthümer durch colossale Betrügereien zu erwerben, welche nun tausendstimmig, gleich Herrn Gade, den Ruhm dieses Feldzugs verkünden und den Heldengeist des Obergenerals, der keinen Feind gesehen hat, feiern*). Die Ausrüstung der Flotte ist natürlich in demselben Geiste geschehen, aber sie ist wenigstens besser geführt worden. Doch ich breche ab, weil ich glaube, eine hinlängliche Zahl von Fortschritten angedeutet zu haben, welche das „jugendliche Land in der neuesten Zeit gemacht hat."

---

*) Wer an der Sache Interesse nimmt, oder sich selbst überzeugen will, daß ich in diesem Resumé Nichts gesagt habe, als was der strengsten Wahrheit gemäß ist, darf nur die Verhandlungen der brasilianischen Deputirtenkammer vom August 1852 nachlesen. Uebrigens deute ich hier nur an, was gegenwärtig in allen brasilianischen Kreisen mit Entrüstung besprochen wird.

Man hat die inneren Zustände eines Landes wohl zu beachten, wenn von demselben als Ziel für die Auswanderung die Rede ist. Wie bekannt, gehöre ich nicht zu Denjenigen, welche zur Auswanderung nach einem Lande abrathen, weil in demselben nicht Alles so ist, wie es sein sollte! im Gegentheil, ich bekenne offen, ich halte für die deutsche Auswanderung gerade solche dünn bevölkerte Länder sehr geeignet, wenn sie sonst günstige klimatische und für die Entwickelung günstige Verhältnisse darbieten, schon aus dem Grunde, weil die Auswanderer leichter zum eigenen Grundbesitz gelangen können.*)

Es ist aus dem Obenstehenden wohl schon zur Genüge ersichtlich, daß das Streben der großen Grund- und Sklavenbesitzer in Brasilien sich in neuester Zeit entschieden der oligarchischen Regierungsform zugewendet hat. Die Hauptsitze für diese Bestrebungen sind zum Theil die Hauptstädte Rio und Bahia, hauptsächlich aber die mittleren Provinzen des

---

*) Herr Gade zeigt durch sein oberflächliches und unbesonnenes Geschwätz (Seite 25), daß er mich nicht versteht, oder nicht verstehen will, oder keinen Begriff von deutscher Kolonisation hat. Wo in der Welt haben die Deutschen — und sie sind in Nordamerika, in Rußland und Ungarn zu Millionen angesiedelt, — trotzdem sie ihrem Glauben, ihrer Muttersprache und deutschen Sitten treu geblieben sind, je Miene gemacht ihre Mitbürger „zum Tempel hinauszuwerfen." Kein Volksstamm in der Welt achtet höher und heiliger das Eigenthum und zeigt sich weniger herrschsüchtig als der germanische, das wissen längst Leute, die keine acht Jahre auf Universitäten verbracht haben. Aber eben so lebendig ist das Gefühl für Recht bei den Deutschen. Dieses Gefühl sträubt sich mit Recht dagegen, in der neuen Heimath, die der Deutsche aus einer Wildniß zu einem civilisirten Lande umgestalten hilft, das Regierungsobjekt und willenlose Werkzeug einer Kaste und Race zu sein, welche Nichts vor ihm Voraus hat. Ihre Ansicht von der Sklaverei, Herr Gade, macht Sie vielleicht unfähig den Begriff der Gleichberechtigung freier Menschen zu fassen und also auch unfähig zu begreifen, weßhalb ich den Blick der deutschen Auswanderer auf die La Plata-Länder zu richten bemüht bin, denen ich eben so unabhängig gegenüber stehe als Brasilien.

Reichs. Die nördlichen, schwer vernachlässigten Provinzen gehen mit raschen Schritten dem trostlosesten Verfall entgegen und daraus wird die centrifugale Richtung erklärlich, die sie zu erkennen geben und welche eines Tages, von den Nordamerikanern im Sinne der Freiheit und im Hinblick auf eine glänzende Zukunft benutzt, für die Integrität des Reiches höchst gefährlich werden kann. Die Südprovinzen, namentlich Rio grande do Sul und Santa Catharina, welche heute noch sehr menschenleer, aber wegen ihrer Lage und sonstiger Verhältnisse die wichtigsten sind, haben glücklicherweise das Sklavenelement ziemlich fern von sich gehalten, weil ihr gemäßigtes, schönes Klima für den Plantagenbau nicht geeignet ist, sondern im Gegensatz zu den übrigen Provinzen des Reichs die Bevölkerung auf die Viehzucht, den Ackerbau im europäischen Sinne und auf Gewerbethätigkeit hinweist. In der Verschiedenheit der Interessen dieser Südprovinzen gegen die des Nordens liegt der Keim zu einer von den letzteren ganz verschiedenen Entwickelung.

In dunkler Vorahnung der Geschicke, denen das Reich entgegentaumelt, sieht man bereits die brasilianischen Staatsmänner zu den verwegensten und verzweifeltsten Mitteln greifen. Während man über die Hauptstadt durch riesige Verschwendungen den Schein der Civilisation zu breiten sucht, dadurch die Kurzsichtigen über die wahre Lage des Landes täuscht, und nichts Reeles für die Hebung der Provinzen zu thun weiß, nährt man die Phantasie des Volkes mit windigen, riesigen Projekten von Eisenbahnen, Dampfschifffahrt auf den großen Strömen, Kanalbauten u. s. w., zu denen aber theils die ausführenden Intelligenzen und Arme, theils und hauptsächlich die Mittel fehlen. Das ungeheure Heer zum Theil überflüssiger und unbrauchbarer Beamten und Offiziere, ein in keinem Verhältniß zur Bevölkerung und den Einkünften stehendes Heer, eine zwar nothwendige aber im Prinzip (wenn man überhaupt ein solches hat und nicht Alles reine Nachahmung ist) offenbar verkehrt organisirte und darum zu kostspielige Flotte, und die

Verschleuderung von ungeheuren Summen für die Theater der Hauptstadt absorbiren dergestalt alle Staatseinkünfte, daß für materielle Verbesserungen Nichts übrig bleibt. Die Spekulation hat daher keine reelle Basis bei Ausführung all der großartigen Projekte, deren Rentabilität nur allmälig dann gesichert werden würde, wenn die Aussicht vorhanden wäre, daß eine freie zahlreiche Bevölkerung zuströmen und die Produktion vermehren würde. Vorsichtig genug haben die Gesellschaften, welche der Regierung Anerbietungen gemacht haben, sich immer die Garantie von 4 oder 5 pCt. des Anlagekapitals Seitens der Regierung zur Bedingung gemacht, da bei der dünnen Bevölkerung voraussichtlich auf keine Einnahme zu rechnen ist, welche nur die Betriebskosten deckte. In dieser Weise wird schon die eben concessionirte Eisenbahn, welche durch ein schwieriges Terrain von Rio nach der Provinz Minas führen soll, die Staatskasse mit einer permanenten enormen Ausgabe belasten, dergestalt, daß man von der Weiterführung dieser Bahn in noch dünner bevölkerte Gegenden, von dem Bau anderer Bahnen und von der Herstellung anderweiter Transportwege für lange, wenn nicht für immer, wenn das gegenwärtige Regierungssystem Dauer haben sollte, wird absehen müssen. Die Folgen der Enttäuschung werden nicht ausbleiben.

Günstiger würden sich unzweifelhaft die Verhältnisse gestalten, wenn das Reich der freien Einwanderung geöffnet würde, welche die in Aussicht genommenen Verkehrswege durch ihre Thätigkeit beleben würde, in ähnlicher Weise, wie dies in Nordamerika der Fall ist.

Dazu aber wird man nur nach harten Kämpfen gelangen. Entschieden hat sich die herrschende Faktion der Plantagenbesitzer gegen die freie Einwanderung erklärt*) und die Regierung genöthigt, das dieser Einwanderung günstige Gesetz vom

*) Im Senat hat Herr Vergueiro diese Ansicht der Plantagebesitzer vertreten und seine Furcht vor ausgedehnten Ansiedelungen, wie S. Leopoldo, offen bekannt. Siehe Jornal do Commercio vom 19. August 1852.

18. September 1850 zu den Akten zu legen. Geheimnißvoll erklärt man, dieses Gesetz enthalte Bestimmungen, welche unausführbar seien; aber man verschweigt vorsichtig, welche Bestimmungen dies sind. Es unterliegt wohl keinem Zweifel, daß besonders diejenigen Artikel gemeint sind, welche einen Theil des Raubes, den die großen Grundbesitzer am Boden gemacht, dem Staate wieder zurückstellen; denn Viele haben sich das Doppelte und mehr, Alle aber mehr zugeeignet, als sie rechtlich besitzen sollten. Der Staat würde ungeheuere Strecken für neue Ansiedelungen sehr wohl gelegenen Landes erhalten haben, wenn das Gesetz zur Ausführung gelangt wäre. Der Verkauf dieser Ländereien würde den Schatz außerordentlich bereichern, die Mittel zu großen Unternehmungen liefern, aber auch mit Nothwendigkeit das herrschende System über den Haufen werfen; denn mitten zwischen der Sklavenbevölkerung würde sich ein Stand rühriger freier kleiner Grundbesitzer gebildet haben, welche das Phantom einer Feudalmonarchie nach dem Zuschnitt des Mittelalters, welches den „Herren" vorschwebt, gründlich verscheucht, und außer anderen unangenehmen Enttäuschungen den „Herren" ernste Conkurrenz bereitet haben würde.

Daß bei Festhaltung des gegenwärtig herrschenden Systems die große, alle bisherigen Verhältnisse umgestaltende Dampfkraft in Brasilien zu keiner erheblichen Anwendung kommen kann, liegt für jeden Mann von Einsicht auf der Hand. Der Feudalismus mit seiner Sklaverei und Leibeigenschaft vegetirt nur bei der ängstlichen Absperrung der Stände, Zünfte und Racen gegeneinander und schon aus Klugheit müßten die Vergueiros in Brasilien auf das Vergnügen, durch die Provinzen auf Eisenbahnen zu fahren, Verzicht leisten, wenn sie ihr System aufrecht erhalten wollen. Von gar zu langer Dauer wird es aber nicht sein, denn die Noth der nördlichen Provinzen und das entschiedenste Bedürfniß der südlichen wird bald ihre schönen Träume zerstören und die freie Einwanderung als einziges Rettungsmittel fordern.

Wer wahrhaften Antheil an dem Bestande der Monarchie in Brasilien, der einzigen in Amerika, nimmt, kann nicht ernstlich genug vor den unheilvollen Folgen warnen, welche das gegenwärtige System für dieselbe haben muß. Nur die Stabilität kann ihr unter den sie umgebenden Republiken die erwünschte Achtung und Freunde gewinnen und diese Stabilität ist ganz wesentlich bedingt durch die Macht und Blüthe des Reichs und das Gefühl der Zufriedenheit in allen Klassen der brasilianischen Bevölkerung. Die Bedingungen der Existenz der Monarchie in Brasilien sind gänzlich verschieden von Denen, welche den Monarchien des alten Europa Dauer sicherte, und es kann nach meiner innersten Ueberzeugung nichts Verderblicheres erdacht werden, als das gegenwärtig dort herrschende Corruptionssystem und die Anwendung der längst verbrauchten Weisheit des gestürzten portugiesischen Kolonialsystems, wie sie sich in der Abschließung gegen die Einwanderung und in der Nichtbeachtung der so verschiedenartigen Interessen der Provinzen des Reichs zeigt. Und weil ich das in langjähriger Prüfung glaube erkannt zu haben, keiner der verschiedenen brasilianischen Partheien, welche eigensüchtige Zwecke verfolgen, nahe stehe und weil ich aufrichtig eine freie deutsche Einwanderung in Brasilien wünsche, und sie als einen Gewinn für die Monarchie in Brasilien und in der Rückwirkung heilsam für mein Vaterland erachte, habe ich mich entschlossen, ein System zu bekämpfen, daß der Monarchie in Brasilien nicht minder verderblich ist, als es der deutschen Nation zur Schmach gereicht.

Die beiden südlichsten Provinzen Rio grande do Sul und Santa Catharina haben sich der Einwanderung der Deutschen niemals abgeneigt erwiesen, im Gegentheil, sie erkennen die Nothwendigkeit, sich durch dieselbe zu stärken und dadurch ihr Fortschreiten zu ermöglichen. Ihre Provinzialgesetzgebungen athmen im Ganzen genommen diesen Geist, wenn auch im Einzelnen noch Manches zu wünschen wäre. Mit Neid und Mißgunst betrachten aber die Plantagenbesitzer dieses natürliche, durch die inneren Verhältnisse dieser ausgedehnten Provinzen gebotene Streben, welches ihren monopolistischen Einfluß zu beschränken droht.

Darum soll so viel als möglich der freien Einwanderung, welche sich für's Erste vorzugsweise nach dem Süden wenden würde, gesteuert werden. Diese saubere Politik, welche lieber das ganze Reich nördlich bis zu den Grenzen von Bahia, südlich bis zur Grenze von S. Paulo in eine Wüste verwandelt sähe, als das Uebergewicht der mittleren Provinzen und folgerecht deren Einfluß auf die Centralregierung aufgiebt, ruft bereits den öfter schon angedeuteten Antagonismus der Provinzen hervor, der sich nur mühsam noch verhüllen läßt. Was ist natürlicher, als daß das Fortschreiten auf diesem unheilvollen Wege der Integrität des Reichs, ja der Monarchie in Brasilien verderblich werden muß. Daß diese eigensüchtige und engherzige Parthei, welche die Deutschen ausbeuten möchte, aber nicht als gleichberechtigt ansieht, sie in kleinen abgeschlossenen Gruppen vertheilt wissen will, um sie besser knechten zu können, meine Sympathien nicht hat, das habe ich offen ausgesprochen.

Die Provinzen Rio grande do Sul und Santa Catharina dagegen habe ich stets mit Freuden den deutschen Auswanderern empfohlen, denn sie werden dort sicherer und schneller als in Nordamerika zu einer behaglichen äußeren Existenz und zur Anerkennung ihres Werths gelangen. Die Macht der Prokonsuln, welche die herrschende Parthei in diese Provinzen sendet, kann ihr Wachsthum in diesen Provinzen nicht hindern, wenn sich die Deutschen zur Aufrechthaltung der ihnen durch die Gesetze garantirten Rechte verbinden und mit der älteren Bevölkerung treu zusammenhalten in der Förderung der Interessen dieser Provinzen. In der Nähe von S. Leopoldo ist noch schönes Land genug für viele tausend Ansiedler billig zu erwerben, und steigt erst der Werth des Bodens, verschlingen sich enger die Interessen der Bewohner, dann wird noch mancher Estanceiro seine jetzt geringen Werth habende Besitzung zerstückeln um das dadurch erlangte Capital in größeren industriellen Anlagen für die Provinz höher zu verwerthen.

Solche Auswanderer, welche nach Rio grande do Sul gehen wollen, und wie gesagt, unter allen Auswanderungsländern, welche bis jetzt in Betracht kommen können, halte ich Rio grande für das empfehlenswertheste,*) thun wohl, wenn sie die Passage bezahlen können, sich direkt nach San Leopoldo zu begeben, dort die Bodenkultur beobachten und dann sich ein Stück Land aussuchen, wo und wie es ihnen am besten convenirt. Der Anschluß an diese größere Gemeinschaft wird ihnen in jeder Beziehung förderlich werden und sie vor der Freundschaft und Feindschaft der sogenannten Directoren der Kolonien bewahren.

Alle brasilianischen Agenten, unter welchem Titel und mit welchen Vorspiegelungen sie sich auch einführen mögen, verfolgen ihre persönlichen Vortheile. Wer sie meidet, thut wohl, das lehren alle seitherigen Erfahrungen ohne eine einzige Ausnahme.**)

---

*) Siehe Kerst, die Länder am Uruguay, Berlin 1851, und dessen Monographie über die Provinz Rio grande do Sul, in Friedenbergs Journal der Reisen 1832.

*) So ist neuerdings bekanntlich ein Herr Kleudgen in Deutschland angekommen, welcher Leute nach Santa Cruz bei Rio pardo in der Provinz Rio grande do Sul, allwo derselbe größere Strecken Landes selbst besitzt, welche erst durch die Einwanderer einen Werth erlangen würden, hinüber führen will, wenn sie die Passage bezahlen wollen, und behauptet nur solche Auswanderer, welche von ihm für Santa Cruz eingeführt würden, hätten Anspruch auf die Vortheile, welche das Provinzialgesetz ganz allgemein ordentlichen Einwanderern in die Provinz Rio grande zusichert. Mir liegt über das Kleudgen'sche Unternehmen ein Brief von einem wohlunterrichteten und zuverlässigen Manne vor, datirt Porto alegre den 29. Juli 1852, welcher sich über diese Unternehmung also äußert: „Kleudgen soll in zwei Jahren 3000 Kolonisten hieher spediren, wofür er pro Kopf 6 Millreis und außerdem 1500 Millreis als Gehalt jährlich bezahlt bekommt, fehlt aber an der Zahl von 2000 in zwei Jahren, so wird ihm das Fehlende am Gehalt abgezogen. Du wirst nun bald deduzirt haben warum K.

Wir wollen nun noch das neue vielbesprochene, im Vorstehenden öfter beiläufig berührte System der brasilianischen Pflanzer, den Mangel an afrikanischen Sklaven durch deutsche Proletarier zu ersetzen, näher betrachten.

---

behauptet die Leute müßten zu ihm und von ihm aufgenommen werden. — Falsch ist es und ein der Verordnung ganz gegensinniger Weg, wenn K. sagt, daß diejenigen, welche auf eigene Rechnung hiehergehen, kein Land bekämen und nicht dieselben Vortheile haben würden. Auch dieses deduzirst Du, wenn Du siehst, daß die 6 Millreis per Kopf erspart sind, sobald der Kolonist ohne Ks. Zuthun hieher kommt. Im Gegentheil, die ohne Ks. Vermittelung kommen, nehmen Land wo sie wollen und die durch K. Eingeführten nur in Santa Cruz. Alles dies geschah aber nicht vom Governo imperial, sondern von der Provinzial-Versammlung, um die Provinz mehr und schneller zu bevölkern; andere Provinzen traktiren in ihren Versammlungen jetzt auch denselben Gegenstand. — Alle Kolonisten haben ihre Passage bis Rio grande selbst zu bezahlen; nun werden vielleicht die durch K. Beförderten ein wenig billiger fortkommen, weil es in Einem geht, hier giebt es aber Leute, welche behaupten, daß dies gerade der Vortheil von der Spekulation Ks. sei, weil er die Schiffe, Verpflegung &c. besorge. Einmal im Schiff hört alle Protestation auf."

Während des Drucks dieser Schrift ist im Leipziger Tageblatt und Anzeiger vom 3. Dezember 1852 ein Originalbrief aus Porto alegre vom 30. September und 1. Oktober d. J. erschienen, dessen Verfasser sich wohl unterrichtet zeigt. Wir entlehnen demselben nur den folgenden, auf das Kleudgensche Unternehmen bezüglichen Passus: „Was nun Herrn Kleudgen betrifft, so bekommt derselbe von der hiesigen Regierung pro Kopf 8000 Reis, circa 1 Louisd'or für jeden Einwanderer; anstatt sich aber damit zu begnügen, nimmt derselbe dem Auswanderer für Paßvisa 5 Thaler ab, wozu er nicht bevollmächtigt und berechtigt, und sucht auch noch durch das Passagegeld etwas zu gewinnen, während die Regierung Einwanderer gratis spedirt" (was nur von der Strecke von Rio grande bis zum Bestimmungsort gilt, denn die Passage von Europa bis Rio grande müssen die Kolonisten selbst bezahlen) „wenn dieselben sich an den Orten niederlassen wollen, wo es die Regierung wünscht."

Darum, ich wiederhole es, wer nach Rio grande do Sul auswandern will, thut wohl, sich an einen soliden von den deutschen Regierungen concessionirten Agenten zu wenden, welcher mit seiner bestellten Kaution für die gute Beförderung haftet, und so die brasilianischen Agenten und Seelenmäkler gänzlich vermeidet.

Wer mir die Ehre erzeigt hat, meinem Vortrage bis hierher zu folgen, dürfte die Ueberzeugung erlangt haben, daß dieses von den Plantagen- und Sklavenbesitzern ausgeheckte System bei den in Brasilien bestehenden Verhältnissen, für Diejenigen, welche ihren Verlockungen trauen, eminente Gefahren für die persönliche Freiheit mit sich führt und trotz aller zärtlichen Versicherungen von Freundschaft für die deutschen Tagelöhner auf nichts Anderes zielt, als die deutschen Kräfte in ähnlich eigensüchtiger Weise als die Kräfte der Sklaven auszubeuten. Denn wir haben gesehen, daß es vornehmlich die Plantagenbesitzer sind, welche sich gegen das Ansässigmachen kleiner, freier und selbstständiger Grundbesitzer, besonders in größeren Gruppen, in denen es denselben allein möglich ist, wie in S. Leopoldo, für die Erziehung der Kinder, die Befriedigung des religiösen Bedürfnisses und die Belebung jeder gewerbthätigen Richtung in genügender Weise zu sorgen, entschieden ausgesprochen haben; wir haben gehört, daß die Plantagenbesitzer es sind, welche der Ausführung des Gesetzes vom 18. September 1850, wodurch die Staatsregierung ansehnliche und wohlgelegene Landstrecken für die Ansiedelung selbstständiger kleiner Besitzer erhalten haben würde, entschieden entgegengewirkt haben; wir haben gesehen, daß es dieselbe Parthei ist, welche die famose Rekrutirungsform aufrecht erhält, welche gestattet, wenn es für zweckmäßig erachtet wird, die deutschen Ansiedelungsgruppen in ihrem Wohlstande zu zerstören und sie auf das Maaß der Einwohnerzahl zu reduziren, welches die Furcht der großen Besitzer für allein zulässig hält, indem man nur die deutschen Arbeiter für die miserable bezahlten, noch elender verpflegten und geprügelten Truppen der Landarmee und Flotte rekrutiren darf; wir haben gesehen, daß bei der bestehenden Rechtspflege und Polizeiwirthschaft der Arme und Geringe keinen Schutz gegen Willkür, Rechtsbruch und Betrug zu hoffen hat, wenn es Reichen und Einflußreichen beliebt, dergleichen zu üben und endlich haben wir gesehen, daß zu verschiedenen Epochen bis auf die neueste Zeit herab Vertragsbruch und Gewaltthaten gegen Deutsche vielfältig geübt und Tausenden unserer Landsleute, welche den brasilianischen Agenten vertrauten, ein schreckliches Loos bereitet worden ist.

Ich habe für alle diese Thatsachen die zuverlässigsten Zeugen angeführt und nicht die Zumuthung gestellt, daß man ausschließlich auf mein persönliches Wort vertraue, ich habe keinen persönlichen Vortheil, keinen persönlichen Nachtheil bei dem Unternehmen, ich habe persönlich keinen Grund, um die Freundschaft brasilianischer Minister zu buhlen, keinen Grund, ihre Gewalt zu fürchten, ich trage keinen Haß gegen dieses Land, an welchem meine schönsten Jugenderinnerungen haften, das meinen nächsten Blutsverwandten eine Heimath geblieben ist, als mich die Revolution aus dem Lande vertrieben, im Gegentheil, als Monarchist wünschte ich, daß das brasilianische Kaiserthum ein Muster für alle amerikanischen Staaten, im Innern mächtig fortgeschritten, nach Außen von aller Welt hochgeachtet wäre, und mit meinem Vaterlande in für beide Theile gleich heilsamer Wechselbeziehung stände; ich glaube daher eine zwar schmerzliche, aber auch eine heilige Pflicht gegen meine Landsleute, gegen Brasilien selbst, zu erfüllen, wenn ich ein System bekämpfe, daß in solchem Schlamm erzeugt, sich unter der heuchlerischen Maske der Philanthropie einzuführen trachtet, während es im letzten Grunde in der tiefsten Verachtung der deutschen Nation, des deutschen Charakters wurzelt.

Wie wohl berechtigt die Warnung des Central-Vereins und das ursprünglich von mir herrührende „Votum" gegen dieses System ist, dürfte damit hinlänglich erwiesen sein, aber auch die Schrift des Dr. Gade, des Hauptvertheidigers jenes elenden Systems, macht fast auf jeder Seite, nach einem großen Verbrauch überflüssiger beschönigender Redensarten, welche jedoch meist nur den Zweck haben, seine persönliche Bedeutung möglichst zu heben, dieses Zugeständniß.

Nachdem Herr Gade, wie oben schon einleitend angeführt worden, erzählt hat, wie er von Neu-Freiburg aus die Kolonie Vergueiros beobachtet habe, versucht er es, seinen Lesern begreiflich zu machen; daß man eigentlich ihn als den Urheber dieser schönen Kolonisationsart betrachten müsse. Wenn man bisher so gar nichts davon gemerkt hat, so erklärt sich das aus dem Umstande, wie der Doctor selbst sagt, „daß ich nie" (wie der Central-Verein und Direktor Kerst) „die Lärmtrommel schlage, wenn ich etwas wirken will, sondern ganz ruhig und sinnig an's Werk gehe." Und in der That circa fünf Jahre lang hat er ruhig gesonnen, kein Vertrauen zur Kolonie Vergueiros gehabt, und nur noch mit Verzweiflung von seinem Plan (welchem?) zu sprechen gewagt, als ihm im November v. J. der Kammerherr Valle da Gama, dessen Sohn von Herrn Gade lateinischen Unterricht empfing, ihn mit der Mittheilung überraschte, er habe in Verbindung mit mehreren Grundbesitzern die Absicht, auf seinen Gütern eine deutsche Kolonie zu gründen, wobei er ihm die Bedingungen zeigte, wie sie abgedruckt im Mercantil standen. Es sind dies nämlich diejenigen Bedingungen, welche Herr Fröbel und Capit. Valentin Anfangs Dezember, also kaum 4 Wochen später, in Deutschland verbreiteten, worauf hin die Werbungen geschahen und der Central-Verein seine bekannte Warnung erließ. Herr Gade hat hiernach gewiß einen höchst bescheidenen Antheil an diesem Werk, was ihn aber nicht hindert, sein Verdienst post multo und nachdem er meine Schriften, namentlich das „Votum" gelesen, gehörig glänzen zu lassen. Denn er will jetzt auch dem Herrn Valle da Gama genau alle (nicht eine mehr noch minder) Ausstellungen gemacht haben, welche in dem „Votum" über den Capanema'schen Brief gemacht sind (S. 9. und 10. des Berichts von Gade), es bleibt nur zu bedauern bei diesem Prioritätsstreit, daß Herr Valle da Gama und alle seine Genossen, auch die später ihm folgten, auf die Punkte Nr. 1, 7 und 8, welche Herr Gade aufführt, nicht eingegangen sind. Diese ganze Herzählung scheint aber auch nur den Zweck zu haben, die Sache, um die es sich handelt, so dunkel als möglich zu machen, damit der ungelehrte Tagelöhner, welcher mit der Schrift des Herrn Professors gefödert werden soll, den eigentlichen Handel nicht merkt, noch weniger begreift, und Herrn Gade, der sich hundertmal selbst seinen Freund nennt, auf's Wort glaubt.

Alles, was in diesem Streit in Betracht kommt, ist bis jetzt, da zur Zeit kein anderes authentisches Aktenstück vorliegt, der Fröbel-Valentin'sche Kontrakts-Entwurf und nur dieser, alles Uebrige, guter Michel, ist vorläufig nur Wind.*) Denn

*) Herr Gade benennt seine Schrift „Bericht über die deutschen Kolonien der drei großen Grundbesitzer." Diese Kolonien existirten aber faktisch noch gar nicht, sondern waren nur projektirt. In den 5 Monaten (Dezember 1851 bis April 1852), die er auf den Gütern der drei Grundbesitzer verlebte, beschäftigten sich die drei Herrn mit den Einrichtungen für die Aufnahme ihrer sogenannten Kolonisten, die sie erwarteten. Drei Tage vor Gades Abreise nach Europa begegnete er auf dem Wege von Rio nach Petropolis einen Transport, welcher von Europa angelangt war. Die Leute beklagten sich über schlechte und schmale Kost, ungeachtet guter Proviant in Menge am Bord des Schiffes (welches nach der Ankündigung des Herrn Fröbel doch wohl auch zu der „musterhaften Passagier-Beförderung" des Herrn Kapitän Valentin gehört hat) vorhanden gewesen, und Herr Gade suchte den Leuten das erduldete Ungemach dadurch vergessen zu machen, daß er ihnen erzählte, was er inzwischen Alles für sie ausgewirkt habe, wofür sie ihm natürlich sehr dankbar waren und ihm, wie er sagt, beauftragten gegen die Berliner (die freilich nicht so leicht durch Redensarten zu befriedigen sind) zu schreiben, da es ihnen jetzt (auf der Reise nach ihrem Bestimmungsort) so gut gehe. Hat man je einen bodenlosern Bericht über eine Kolonie gelesen! Daß Herr Gade gar nichts, bis jetzt, für die Leute ausgewirkt hat, was nicht schon in dem Merkantil und dem Fröbel'schen Contractsentwurf gestanden, ist oben schon angedeutet und erhellt auch zur Genüge aus dem Umstande, daß Herr Gade kein authentisches Dokument darüber beigebracht, sondern Seite 30 erklärt, **daß er die von dem Centralverein als nothwendig erachteten Garantien von Europa aus erbeten habe und sie in einigen Monaten zu erhalten hofft.**

Von der schon am 17. Januar 1852 vom Centralverein, auf Grund der Fröbel-Valentin'schen Aufforderung, erlassenen und darauf selbst von verschiedenen Behörden republicirten Warnung will Herr Gade in Brasilien bis zu seiner Abreise von Rio, welche im Monat Mai oder Juni erfolgt zu sein scheint, nichts gehört haben; obgleich ihm die auf

der Kaiserlich brasilianische Minister-Resident, Herr M. A. de Araujo, erklärt selbst in einem Schreiben an den Central-Verein vom 26. Juli d. J., die Zeitungsnachricht: die nach dem Fröbel'schen Entwurf ausgefertigten Kontrakte seien später in Hamburg gegen andere umgetauscht worden, als eine „inexactitude flagrante", d. h. zu deutsch und zugleich diplomatisch ausgedrückt: eine auffallende Ungenauigkeit.

Die Vertheidigung der Kontrakte, welche zwischen den Leuten und den fünf Grundbesitzern abgeschlossen worden, beschränkt Herr Gade auf drei dieser Unternehmer, nämlich die Herren Valle da Gama, Visconde de Baependy und Braz Bellens, in deren Kammerherrenwürde und Persönlichkeit er die nöthigen Garantien zu finden glaubt, daß die armen Leute nicht zu leibeigenen Knechten gemacht werden. Er findet es empörend, daß man solchen großen Herren und Excellenzen gegenüber noch bindendere Kontraktsbestimmungen nnd die Zukunft der armen Leute sichernde Garantien für nöthig erachtet, gesteht aber zu, daß diese Herren auch sterbliche Menschen sind und daß nach ihrem Tode die Lage der deutschen Tagelöhner gleich der Lage derjenigen sich gestalten könnte,

---

der Reise angetroffenen Kolonisten, wie er sagt, den Auftrag gegeben gegen die Berliner zu schreiben. Entschuldigen Sie, Herr Gade, wenn ich in diese Ihre Versicherung aus dem angedeuteten Umstande nicht minder als aus andern guten Gründen kein zu großes Vertrauen setze. — Da ich aus Ihrer Schrift ersehe, daß Sie in Brasilien schon beauftragt worden sind gegen den Central-Verein und mich zu schreiben, da ich sehe, daß Sie bei Ihrem Amt, welches, wie Sie gleichfalls sagen, Sie täglich 12 bis 14 Stunden beschäftigt, fünf Monate am Rio preto bei Ihren Freunden verweilen und so leicht und schnell einen Urlaub für eine Reise nach Europa erlangen können — Aerzte gleich Dr. Schönlein giebt es ja wie Sie sagen auch in Rio —, so bin ich sehr beruhigt über Ihre zur Schau getragene Befürchtung, Ihr Amt verlieren zu können, wenn Sie der Kampf mit mir über Ihren Urlaub zurück hielte. Ihre Ehre war bei dieser Angelegenheit nicht im Geringsten betheiligt, das sieht Jeder ein, der Ihre Schrift mit mehr als gewöhnlicher Aufmerksamkeit liest und ich glaube mich in keinem Irrthum über den eigentlichen Zweck Ihres Erscheinens in Europa zu befinden.

welche nicht das Glück haben, kaiserl. Kammerherren zu Herren zu haben, wohin also die zwei von ihm nicht vertheidigten Unternehmer, Herr Vergueiro und alle diejenigen Herren, welche später auf gleiche Kontrakte hin deutsche Tagelöhner bereits haben kommen lassen, oder im Begriff stehen, solche kommen zu lassen, gehören.

Wiederholt hat der Central-Verein und ich dagegen entschieden Verwahrung eingelegt, daß wir die Persönlichkeit der Herren Kammerherren zum Gegenstand unserer Kritik machen, wir haben wiederholt in Erinnerung gebracht und durch die That gerechtfertigt, daß wir bei den in Rede stehenden Unternehmen nur das Prinzip und nichts als das Prinzip bekämpfen, das ist aber für Herrn Gade ganz vergebens, wir sollen es nun einmal auf den persönlichen Charakter der drei Herren, die uns völlig unbekannt sind, abgesehen haben!

Im Prinzip, das giebt er zu, haben wir Recht, aber es soll doch „Privatrache" von mir sein, daß dasselbe zur Sprache gebracht und in seinen Konsequenzen beleuchtet worden ist.

Daß es nothwendig gewesen wäre in den Kontrakten den Procentsatz genau in Zahlen anzugeben, den die Gutsbesitzer sich bei den Vorschüssen und Lieferungen, die sie ihren deutschen Arbeitern leisten, berechnen werden, gesteht Herr Gade zu. Ebenso räumt er ausdrücklich ein, daß „erorbitante" Wucherzinsen in Brasilien berechnet werden und wirklich gesetzlich erlaubt sind. Ob die Herren Grundbesitzer „wahre Schurken" wären, oder „Bubenstreiche" begingen, wie Herr Gade sich ausdrückt, wenn sie die gesetzlich zulässigen „erorbitanten" Wucherzinsen sich berechneten, um die armen Leute so lange als möglich in unterthäniger Abhängigkeit sich zu erhalten, das hätten die Herren mit ihrem Gewissen abzumachen; wir forderten und fordern nur, daß die armen Leute unter allen Umständen gegen die Zahlung erorbitanter Wucherzinsen geschützt werden. Die Bosheit, welche in dieser Forderung liegen soll und alles Gerede (von Seite 39—42) des Herrn

Gade darüber läßt mich sehr kalt. Ist der gesetzlich zulässige Betrug durch die ganz kleine aber genaue Bestimmung, daß die Herren sich bei ihren Vorschüssen und Lieferungen nicht mehr als sechs Prozent Zinsen berechnen dürfen, von den armen Leuten abgewendet, so werde ich mich mit dem Bewußtsein trösten den armen Leuten nicht wenig genützt zu haben.

In §. 9. der mit den Leuten abgeschlossenen Kontrakten heißt es wörtlich: „Ihrerseits unterwerfen sich die betreffenden Ansiedler folgenden Bedingungen: .... 5) In keinerlei Handelsgeschäfte, ohne ausdrückliche Bewilligung des Eigenthümers sich einzulassen." Schon Herr Schüch de Capanema hatte versucht dieser Nr. 5 des §. 9 eine unschuldigere Deutung zu geben (Siehe den Brief desselben im Anhange) und Gade geht noch viel weiter, denn nachdem er mein „Votum" (Siehe den Anhang) gelesen, genirt er sich nicht zu sagen: „Die Klausel hinsichtlich der Caraça (jungen Rum) rührt überdies von mir selbst her und ist kein Pfiff der Senhores." Der geehrte Leser bemerke gefälligst, daß im Kontrakt jedes Handelsgeschäft von der Erlaubniß des Herrn abhängig gemacht ist, weil der Herr den Handel allein in Händen behalten will, und daß weder im Kontrakt überhaupt noch in der citirten Nummer vom Handel mit Caraça entfernt die Rede ist. — Mit Zuversicht frägt er: „Wozu in aller Welt sollen die Kolonisten Handel treiben? Um sich einander das Geld abzunehmen." Doch er ist so gut, nach einigem Wortschwall den er über mich ausströmen läßt, zuzugestehen: Daß „so viel richtig ist, daß dieselben kontraktlichen Bedingungen ohne weitere Einschränkung und Bestimmung, unter Voraussetzung eines eigensüchtigen und ehrlosen Senhor allerdings diese Folgen" (die Kolonisten, wie ich gesagt habe, in alle Ewigkeit von sich abhängig zu erhalten) „haben könnten."

Herr Gade wendet sich dann zu den famosen Kontraktbestimmungen über den Kaffee. Je entschieden ungünstiger dieselben für die Leute sind, um so gröber wird Herr Gade gegen mich, weil ich sie urgirt habe, und seine „heilige Wahrheitsliebe“, von welcher wir bereits Pröbchen geliefert, und die „würdige Haltung“, die er sich in diesem Kampfe gelobt, zeigt sich im schönsten Glanze. Damit der geneigte Leser eine klare Einsicht in diesen Streitpunkt gewinne, werde ich darüber in größerer Ausführlichkeit handeln.

Die hierher gehörigen Kontraktsbestimmungen sind wörtlich die folgenden:

§. 5. „Der N. N. (Gutsbesitzer) verpflichtet sich, den besagten Auswanderern so viel tausend Kaffeebäume zu übertragen, als sie besorgen, pflücken und mit Nutzen auf dem .... Landgute ...., im Distrikt Valença, Provinz Rio de Janeiro, übernehmen können.

§. 6. Er verpflichtet sich ferner, den Auswanderern auf dem erwähnten Landgute (§. 5.) so viel Grund und Boden anzuweisen, als sie neben obigen Arbeiten (§. 5.) zur Erzielung von Lebensmitteln noch bebauen können, theils um ihren eigenen Unterhalt damit zu befriedigen, theils auch um den Ueberschuß auf den Markt zu bringen.

§. 9. Ihrerseits dagegen unterwerfen sich die betreffenden Ansiedler folgenden Bedingungen:

1) ....
2) Die ihnen übertragenen Kaffeebäume zur gebührenden Zeit mit Sorgfalt und Fleiß zu bearbeiten, den gepflückten Kaffee an den ihnen vorgeschriebenen Ort nach landesüblichem Maaße abzuliefern, von dem Empfänger einen Schein dafür entgegenzunehmen und bei der weitern Bearbeitung behülflich zu sein.

§. 10. Der von den Ansiedlern eingesammelte Kaffee wird auf den Markt gebracht, im Namen und auf Befehl des Eigenthümers verkauft, und der reine Ertrag, nach Abzug der Transportspesen nach dem Markte, Verkaufs-, Commission- und 200 Reis Maschinengebühr per Arroba zur vollständigen Herstellung und Zubereitung desselben, wird in zwei gleiche Hälften getheilt, wovon die eine dem Eigenthümer, die andere dem Ansiedler verbleibt.

§. 11. Hinsichtlich der Lebensmittel gilt die gleiche, oben in §. 10. erwähnte Bedingung, mit dem Unterschiede jedoch, daß das im häuslichen Bedarfe Aufgezehrte nicht berücksichtigt, sondern blos der reine Ertrag des wirklich Verkauften zu gleichen Hälften getheilt wird.

§. 12. Alle Zweifel und Streitigkeiten, welche hinsichtlich der Auslegung dieses Kontrakts entstehen könnten, werden durch

Schiedsrichter vor den obrigkeitlichen Behörden geschlichtet, und zwar ohne weitere Förmlichkeit und Appellation.

Hierüber bemerkt nun:

1) das Votum in Bezug auf Capanema's Aeußerungen (s. Anhang):

„Was die gewundenen Bemerkungen des Herrn de Capanema über den Handel betrifft, so mag das Geschäftsverfahren in Rio ihm, dem Professor, immerhin als etwas ganz Apartes erscheinen; wer sich aber um den Handel auf den verschiedenen großen Handelsplätzen einigermaßen bekümmert hat, kann in dem Kaffeehandel Rio's keine besondere Eigenthümlichkeit entdecken. Wie ich das Geschäft in Rio kennen zu lernen Gelegenheit gehabt, so sind nicht wenige Plantagenbesitzer in Minas, Rio de Janeiro und St. Paul in den Händen der Kaufleute und genöthigt, ihre Erndte ganz oder theilweise, ganz comme chez nous, im Voraus zu verkaufen. Der alte Herr Fröhlich in S. Christovao bei Rio, wenn er noch lebt, könnte dem Herrn Professor darüber sehr genaue Aufschlüsse ertheilen. Auch die Berechnung des Gewinns, die Herr de Capanema mittheilt, laborirt an großer Oberflächlichkeit. Auch davon erwähnt Herr de Capanema Nichts, daß den armen Arbeitern (nach dem Entwurf, den Froebel mittheilt) für jede Arrobe Kaffee, die sie sammeln und die auf den Markt gebracht wird (wohlgemerkt von allem Kaffee, den sie für sich und den Senhor sammeln, wenigstens läßt der Contract vorzugsweise diese Deutung zu) 200 Reis, d. i. nach dem Cours, den Herr de Capanema angenommen hat, 4 Sgr. 8 Pf. preuß. Maschinengebühr, abgezogen werden soll!!"

„Nach meiner Kenntniß von der Sache halte ich mich für vollkommen überzeugt, daß selbst bei der zuletzt erwähnten exorbitanten Abgabe an den Senhor die Leute ein besseres Geschäft machen würden, wenn sie ihren Antheil an dem Erzeugniß in natura bekämen und selbst verkauften, statt den Senhor, oder vielmehr seine Intendanten, zum Vermittler zu haben. Sie würden hierzu auch viel leichter gelangen, als Herr de Capanema glauben machen will: denn die Aufkäufer würden die Waare von ihnen abholen und sie so jeder Mühe entheben. Freilich wäre es möglich, daß die Arbeiter dann leicht eine unangenehme Concurrenz dem Herrn machen könnten!" —

. . . .

„Was den in Rede stehenden Kaffeehandel betrifft, so begreife ich die Zärtlichkeit der Gutsbesitzer für das Einstreichen des Geldes ihrer sogenannten Kolonisten, welches diese im Schweiße ihres Angesichts verdient haben, um so besser, als es den Letztern ja bei der großen Unsicherheit, welche in so vielen Gegenden Brasiliens herrscht, wie noch die neuesten brasilianischen Zeitungen erzählen, bei der so total gesunkenen Moralität der Bevölkerung im Allgemeinen (.....) sehr leicht gestohlen werden könnte, und das Geld um so sicherer in den Händen des „Herrn" ist, als derselbe sich selbst damit seine Lieferungen immer prompt bezahlen kann."

2) Herr Gade in seiner Schrift (Seite 44.—46.) in Bezug auf das Vorstehende:

„Seite 11 kommt Herr Kerst denn auch auf den Kaffeehandel, und sucht sich die Miene zu geben, als wenn er etwas davon verstehe, der Professor aber nicht. Ich glaube, daß die Herren beide nichts davon verstehen. Ob Kaffeeproducenten überhaupt in den Händen von Kaffeehändlern sind oder nicht, das ist für unsere Zwecke gleichgültig*). Es handelt sich hier darum, zu bestimmen, wie der Preis, den die Kolonisten für ihren Kaffee von den Gutsbesitzern ausbezahlt oder vergütet (?) erhalten, angemessen ermittelt werden könne. Ich habe in dieser Beziehung den Vorschlag gemacht (nicht jetzt, sondern während der drei Monate, die ich auf den Kolonien zugebracht**), daß den Kolonisten bei Absendung des Kaffees freie Wahl gelassen werden solle, ob sie den Preis, wie er am Tage der Absendung durch die Zeitungen publicirt worden, wählen, oder ob sie den Preis vorziehen wollen, wozu der Kaffee laut vorzuzeigender Factura wirklich verkauft worden ist. Ich will dafür sorgen, daß diese Clausel in den betreffenden Artikel aufgenommen werde***). Bessere Bedingungen, als die von mir vorgeschlagenen und von den Grundbesitzern bereits genehmigten, wird doch Herr Kerst wohl nicht wünschen. Weiß er aber solche,

*) Nicht doch Herr Gade, denn wenn der Herr genöthigt ist dem Kaufmann, welcher ihm Geld vorgeschossen hat, wohlfeiler zu verkaufen, so können die armen Leute recht artige Einbußen machen. Setzen Sie z. B. A. ist mit B. bei einer Quantität Waizen betheiligt, hat aber absolut nichts beim Verkauf mitzusprechen (Siehe oben §. 10.) und B., der Disponent, muß wegen Schulden u. s. w. den Waizen 10 Silbergroschen per Scheffel billiger verkaufen als später der Marktpreis ist und B. theilt nachher das baare Geld mit A., glauben Sie wirklich, daß A. nicht 10 Silbergroschen an jedem Scheffel seines Antheils verliert und daß das (wohl für Sie Herr Prof. aber nicht) für A. gleichgültig ist?

**) D. h. auf den Fazendas, denn Kolonien sollten erst auf denselben entstehen; ein Heft ohne Klinge ist noch kein Messer.

***) Der Kontrakt §. 10. erhält darüber Nichts, schließt im Gegentheil den Arbeiter positiv von jedem Mitsprechen bei dem Verkauf aus. Der Kontrakt aber wie er vorliegt, ist Gegenstand meiner Kritik. Daß Sie, Herr Doktor, dafür sorgen wollen, daß die drei Herren, ihre Freunde, diesen Paragraphen für die armen Leute günstiger fassen, ist sehr schön, aber außer den drei Herren giebt es noch andere, welche in gleichem Verhältniß zu den deutschen Arbeitern stehen oder in dasselbe treten wollen. Mein Interesse haben alle armen Deutschen, welche in jenes Verhältniß eingetreten sind, oder noch in dasselbe verlockt werden sollen. Ich wiederhole Ihnen, mein Kampf gilt dem Prinzip. Sie machen mir hier indirekt ein neues Zugeständniß dafür, daß meine Ausstellungen sehr wohl begründet sind, und das wollte ich hier constatiren.

die für die Kolonisten noch vortheilhafter wären, ohne für die Senhores ungerecht zu sein, so schlage er sie vor. Indeß glaube ich, er thut besser, sich um den Kaffeehandel gar nicht zu bekümmern, da er durch seine Bemerkungen zeigt, daß er mit demselben, soweit er zur Kolonisationsangelegenheit gehört, ganz und gar nicht bekannt ist*)."

„Seite 12. macht es Herr Kerst wirklich zu arg. Er zeigt hier eine wirklich krasse Ignoranz in Allem, was auf Kaffeepräparation, Kaffeebeförderung**) und Handel Bezug hat. Er giebt zunächst ein neues Pröbchen seiner Interpretationskunst, indem er meint, der Contract lasse die Deutung zu, daß der Kolonist für die dem Gutsbesitzer zukommende und gelieferte Hälfte der Kaffeeproduction (des Kolonisten) eine Abgabe von 200 Reis per Arrobe an denselben Grundbesitzer zahle! Solch ein Unsinn ist doch wirklich nicht da gewesen. Da sonst kein Mensch in der Welt diesen Sinn aus den sehr deutlichen (?) Worten des Kontrakts herauszuklügeln im Stande ist, so kann ich Herrn Kerst dies Mal nicht helfen; ich werde dahin wirken, daß der Artikel genau so im Kontrakt stehen bleibe, wie er da steht***)" (Bravo!)

„Ueberhaupt bei der Beurtheilung dieses ganzen Artikels, die 200 Reis Präparations- und Transportgebühr betreffend, zeigt Herr Kerst eine so complette Ignoranz, daß mich die Kühnheit wundert†), mit der er solche ihm ganz fern liegende

---

*) Ich glaube gern, daß es Herrn Gade und seinen Freunde angenehmer wäre, man hätte sich in Deutschland gar nicht um die ganze Angelegenheit gekümmert. Ob ich übrigens den Kaffeehandel, soweit als es zur Beurtheilung des Kontrakts nöthig ist, kenne, wird das deutsche Publikum entscheiden können, nachdem es mich und Herrn Gade und obenein die Ansicht eines praktischen angesehenen Kaufmanns in Rio vernommen hat, wozu ich so eben das Material in Vollständigkeit liefere.

**) Der geneigte Leser wird aus dem vorstehenden Passus des „Votums" ersehen haben, daß ich nicht ein Wort über die Kaffeepräparation und Kaffeebeförderung gesagt habe, obgleich ich über beide durch eigene Anschauung sehr wohl unterrichtet bin.

***) Siehe die folgende Anmerkung.

†) Ich dagegen wundere mich über Ihre Dreistigkeit, Herr Doktor Gade, solche Tiraden drucken zu lassen und über die „heilige Wahrheitsliebe" mit welcher Sie die Kontraktsbestimmungen wiedergeben. Daß außer den 200 Reis Maschinengebühr, der Kolonist auch ferner noch: die Transportspesen nach dem Markt, die Verkaufs- und Kommissionsgebühren zu tragen hat, ist nach §. 10. des Kontrakts für jeden der deutsch versteht, sonnenklar. Sie aber wagen dem deutschen Publikum und besonders „ihren Freunden, den deutschen Tagelöhnern" vorzureden, daß die 200 Reis als Präparations- und Transportgebühr bezahlt werden und weiterhin behaupten Sie sogar, im entschiedensten Widerspruch mit dem Kontrakt, daß der Gutsbesitzer den Transport gratis besorge! — Der §. 10. des Kontrakts sagt nicht mehr noch minder als daß der

Gegenstände auch nur anzugreifen wagt*). — Dieser Artikel enthält wirklich eine für die Kolonisten sehr nothwendige und zugleich philantropische Bestimmung. (Hört! Hört!) Was zuerst die Präparation betrifft, so ist diese ohne kostspielige Maschinen unmöglich, Maschinen, welche die Kolonisten gar nicht, selbst nach langen Jahren**), mit ihren eigenen Mitteln herstellen könnten. Aber Herr Kerst meint, die Kolonisten könnten besser den Kaffee in natura verkaufen. Dabei aber vergißt er gänzlich, daß der Kaffee erst präparirt sein muß, ehe der Kolonist mit dem Grundbesitzer die Theilung vornehmen kann, und die Theilung ist ja die Hauptbedingung des Unternehmens***). Aber, par impossible dieses

---

Reinertrag des Kaffees, d. i. nach meinen Begriffen der Reinertrag der fertigen Handelswaare, die man Kaffee nennt, getheilt werden soll. Der Kolonist, welcher x Scheffel Beeren einliefert und davon 120 Arroben (à 32 Pfund) Kaffee (Handelswaare) erhält, hat für die Herstellung dieser Waare per Arrobe ca. $\frac{1}{6}$ Thlr. Maschinengebühr, also 20 Thlr. zu bezahlen. Diese Waare kommt nun auf den Markt (wird im Namen und auf den Befehl des Herrn verkauft) und liefert nach Abzug der Transport- und anderer Spesen 180 Thlr. Reinertrag, so erhält der Arbeiter davon 90 Thlr., hat also da er 20 Thlr. Maschinengebühr bezahlt hat, in Wahrheit nur 70 Thlr. daran verdient. Von gemeinschaftlichem Tragen der Maschinengebühr ist nirgend die Rede. Sie werden also, Herr Gade, die Auslegung des Kontrakts in dem Sinne dieses Beispiels für zulässig anerkennen, besonders wenn Sie bedenken, daß sich die deutschen Arbeiter in Brasilien befinden, wo man die Kunst versteht weit klarer gefaßte Paragraphen zu Gunsten betheiligter einflußreicher Personen zu deuten; daß eine für die Arbeiter günstigere Deutung des §. 10. möglich wäre, habe ich ja selbst angedeutet. — Aber nicht allein in der für den Herrn günstigsten Deutung des § halte ich die Berechnung der Bonificirung des Produkts mit 200 Reis per Arroba für bedeutend zu hoch gegriffen und darin dürften mir alle Diejenigen beistimmen, welche den Preis der Maschinen und deren Unterhaltungskosten kennen; sondern es darf nicht außer Acht gelassen werden, daß nach §. 9. der Arbeiter alle Handarbeiten bei der Präparation des Produkts selbst zu leisten hat, und auch in diesem Sinne halte ich die 200 Reis pro Arroba unter dem Titel Maschinengebühr für eine exorbitante Abgabe.

*) Der Gegenstand liegt mir durchaus nicht so fern, sondern nach meinen Studien viel näher als dem Herrn Professor der griechischen Sprache.

**) Kömmt nach dem Kontrakt gar nicht in Frage.

***) Ja wohl! und zwar die Löwentheilung. Der geneigte Leser wird aus dem oben abgedruckten Passus des Votums ersehen haben, daß ich es für die Arbeiter vortheilhafter halte, wenn sie das Erzeugniß (die verkaufbare Waare — den Kaffee) mit dem Herrn in natura theilten und es selbst verwerthen dürften. Er würde dann, wenn wir das kurz vorher angezogene Beispiel beibehalten, von den 120 Arroben die Hälfte, also 60 erhalten, dafür dem Herrn die Maschinenge-

zugegeben, wo sollten die Aufkäufer herkommen, die die rohen Kaffeebeeren kaufen und mit sich schleppen wollten*). Und wenn sich dergleichen Aufkäufer präsentiren sollten (dergleichen Leute existiren in Brasilien gar nicht), da würden die Kolonisten in schöne Hände gerathen (?!) und sich sehr bald nach der „Bevormundung" der Grundbesitzer zurücksehnen. Wie gut es die Senhores meinen, kann ich ihm hierbei schlagend beweisen. Ein Anderer, als die Grundbesitzer, würde wenigstens (?!) 200 Reis per Arroba für die Präparation derselben, höchst wahrscheinlich viel mehr, verlangen (?!), und dann wären die Transportkosten nach Rio außerdem zu bezahlen, die 800 Reis für die Kolonisten betragen würden. Denn diese müßten ja eine „tropa" dazu miethen und 800 Reis ist der Preis, den ein „tropeiro" für die Arroba verlangt. Also statt etwa 4 Millreis oder 3 Mill und 800 Reis zu bekommen, würden sie sich mit resp. 3 Mill oder (mit) 2800 Reis begnügen müssen. Man kann geradezu sagen: der Grundbesitzer berechnet sich einen mäßigen Satz für die Präparation des Kaffees der Kolonisten; den Transport besorgt er ihnen aber gratis! Und das ist ein sehr werthvolles Geschenk in Brasilien, wo Alles bisher à dos de mulet transportirt wird**)."

---

bühr mit ½ Thlr. d. i. mit 10 Thlr. bezahlen, dem Herrn überlassen sich für seinen Antheil die Maschinengebühr so hoch oder so niedrig zu berechnen, als es ihm beliebt und über die Berechnung der Transport- und sonstigen Spesen in keinen Streit mit dem Herrn gerathen. — Daß meine Meinung über die Zweideutigkeit des §. 10. des Kontrakts auch von praktischen Kaufleuten, welche mit dem Kaffeegeschäft vollkommen vertraut sind, getheilt wird, zeigt das weiter unten im Text angeführte Urtheil eines Kaufmanns in Rio de Janeiro, welcher auch die Naturaltheilung in dem von mir aufgefaßten Sinne für zweckmäßig und für den Arbeiter nützlich erachtet.

*) Der geneigte Leser wird mit mir weder im Capanema'schen Brief noch in meinem „Votum", welches sich auf denselben bezieht, auch nur eine Spur finden, daß von Kaffeebeeren irgend wo die Rede ist, sondern stets von dem Produkt wie es im Handel vorkommt. Der „Unsinn" gehört ganz und gar Herrn Gade, dem Erfinder desselben. Ueberhaupt kann der wüthende Ausfall, wofür meine Schriften nicht die geringste Veranlassung boten, nur den Verdacht erregen, daß ich einen sehr wunden Fleck des Kontrakts getroffen habe und daß hinter der unklaren Fassung des §. 10. noch mehr steckt als bis jetzt zur Sprache gebracht worden ist.

**) Diese Philantropie der Grundbesitzer erläutert genügend der oben mitgetheilte §. 10. des Kontrakts und die eben von mir gemachten Bemerkungen. Diese Probe über einen Hauptgegenstand aus Herrn Gade's Schrift dürfte wohl genügen meinen Gegner genügend zu charakterisiren. Der Leser urtheile nun, auf welcher Seite die Wahrheit zu finden ist, welcher von uns beiden, ich oder Herr Gade, ein Freund der armen Tagelöhner ist.

Hier nur noch das Urtheil eines hochgeachteten Kaufmanns in Rio de Janeiro, der wahrhaftig mit der Kaffeegeschichte vertraut ist und weder das „Votum", noch Herrn Gade's Schrift kannte, als er mir seine Bemerkungen schrieb. Der Brief ist von Rio den 14. September 1852 datirt und liegt den Liebhabern zur Einsicht bereit. Er schreibt: „Die Kontrakte müßten auf festere Basen begründet sein. Nach den bis jetzt abgeschlossenen gehört dem Colonisten die Hälfte der Erndte, von dieser werden jedoch die Unkosten der Bonifizirung des Products, Fracht u. s. w. abgezogen. Dies wäre dahin abzuändern, daß ein Firum festgesetzt würde, z. B. x Alqueiren Kaffeebeeren geben nach einer Durchschnittsberechnung x Arroben Stampfen; Trocknen, Reinigen und Fracht einer Arrobe sind y Millreis und werden also von dem Werthe der Arrobe abgezogen. Außerdem müßte es dem Kolonisten frei stehen, sein Product selbst zu verwerthen, wenn er seinem Lehnsherrn die ihm zukommende Quote gleich auskehren kann. **Dadurch würde dem Unterschleife gesteuert.** Was die Fixirung der Unkosten betrifft, so haben mir Vergueiro und Visconde de Valença bereits zugesagt, daß sie hierzu gern bereit seien, bei Andern habe ich deshalb anfragen lassen." Und ferner: „Es versteht sich von selbst, daß solche Kontrakte von der brasilianischen Regierung garantirt sein müßten"*).

Da auch nach §. 11. des Kontrakts die Lebensmittel, welche der Kolonist in den Nebenstunden, die ihm die Kaffeecultur übrig läßt, erzielt, zur Hälfte mit dem Herrn getheilt werden müssen, so ist er auch in dieser Beschäftigung einer ste-

*) Herr Gade, welcher sich so pomphaft als den einflußreichen Vermittler hinstellt, möge diese kleine Lektion eines Praktikers noch mit auf den Weg nehmen; zugleich aber auch daraus erkennen, daß ich sehr gut unterrichtet werde über alle wesentlichen Vorgänge und Verhältnisse in Brasilien. Reisen Sie, Herr Gade, ruhig nach Brasilien zurück und trösten Sie sich, in diesem „Kampfe" keine Lorbeern geerndtet zu haben.

ten argwöhnischen Kontrolle und Ueberwachung der Intendanten des „Herrn" unterworfen und es wird daher an Streitigkeiten sicher nicht fehlen. Wie diese Streitigkeiten entschieden werden, lehrt der oben mitgetheilte §. 12. des Kontrakts. Wer diese Schiedsrichter wählt, wie das Schiedsgericht zusammengesetzt werden soll, ist wohl weißlich nicht gesagt worden; ebenso wenig ist die „obrigkeitliche Behörde", vor welcher der Streit zu entscheiden ist, näher bezeichnet. Wie aber die „Behörden" in Brasilien im Allgemeinen beschaffen sind, habe ich genügend ausgeführt, und hiernach wird jeder Unbefangene mir zugeben, daß schon allein dieser §. 12. vollkommen ausreicht, den armen Tagelöhner und seine Familie für zeitlebens zum Lastthier seines „Herrn" zu machen.

Wiederholt habe ich darauf aufmerksam gemacht, daß die Plantagenbesitzer sich entschieden gegen die Ansiedelung freier kleiner Grundbesitzer, zumal in größern Gruppen ausgesprochen haben. Da diese Besitzer sich alles Land per fas et nefas angeeignet haben, so besitzt die Regierung in den mittlern Küstenprovinzen fast gar keine gutgelegenen Ländereien für solche Ansiedelungen. Der deutsche Arbeiter, selbst wenn es ihm nach diesem Kontrakt und unter den bestehenden Verhältnissen gelingt, alle seine Schulden dem Herrn abzutragen und ein kleines Kapital zu erübrigen, hat also keine Gelegenheit, sich vortheilhaft in der Nähe anzusiedeln und an einer größern freien Gemeinschaft Theil zu nehmen, welches ihm gestatten würde, in Freiheit zu schaffen und die höchsten Güter: Muttersprache, Religion und Erziehung seiner Kinder, zu pflegen und gegen Angriffe die Furcht, Mißtrauen und Neid dictiren können, zu wahren. Die Folge ist demnach für den deutschen Arbeiter: dauernde Abhängigkeit für sich und seine Nachkommen von dem „Herrn", der allen Erwerb mit ihm theilt, das Monopol jeglichen Handels hat und jeden Tritt und Schritt des Arbeiters bewachen läßt, damit der Arbeiter nichts ungetheilt auf die Seite bringe. Wenn ein solches Verhältniß nicht zur krassesten Leibeigenschaft führt, dann — ist auch der Sklave der freieste Mensch.

Mit einem Uebermuth, wie ihn nur die tiefste Verachtung gegen die deutsche Nation eingeben kann, pochen alle brasilianischen Werbeagenten auf die Macht der vielen Millionen Geldes, welches bei der Beschränkung des afrikanischen Sklavenhandels für die Werbung deutscher Plantagenarbeiter frei geworden ist, gegen welche Macht die Warnungen der deutschen Patrioten, der deutschen Presse und die wohlgemeintesten Belehrungen und Warnungen der deutschen Behörden, wie schon erwiesen sei, sich unwirksam erweisen; der deutsche Arbeiter in der Heimath in ungünstigen Verhältnissen lebend, wenngleich hier frei, glaube ihren Vorspiegelungen mehr, als den redlichsten und unterrichtesten Männern. Und sie höhnen um so übermüthiger, weil Deutschland keine Flotte besitzt, um wie Englands Kreuzer die brasilianische Flagge demüthigen zu können, wenn seine Kinder in Brasilien als Sklaven behandelt werden. Es ist die höchste Zeit, diesem Uebermuth Grenzen zu setzen, und ich nehme keinen Anstand, die Mittel zu bezeichnen, die ich leider! nur noch allein für wirksam erachte.

Die hohen deutschen Regierungen

verweisen jeden brasilianischen Werbeagenten, unter welchem Namen und Titel er sich auch einschleicht, aus den deutschen Grenzen;

sie verbieten jedem concessionirten Agenten, deutsche Tagelöhner auf ähnliche Privatcontracte hin für brasilianische Plantagenbesitzer zu befördern;

sie verordnen und bewirken die exemplarische Bestrafung aller Winkelagenten, welche sich mit der Auswanderung überhaupt, insbesondere mit der Anwerbung deutscher Tagelöhner für Brasilien befassen;

bis die Kaiserl. brasilianische Regierung die nöthigen Gesetze erlassen und in volle Wirksamkeit gesetzt hat, welche die Freiheit der deutschen Auswanderer sicher stellen und ihre freie Ansiedelung begünstigen, und bis die gedachte Regierung in der Organisation der betreffenden Behörden die Bürgschaften giebt, daß die erlassenen und in Vollzug gebrachten Gesetze ehrlich und gewissenhaft ausgeführt werden.

Berlin, im November 1852.

Anhang.

I.

(Brief des Professors Schüch an den Central-Verein für deutsche Auswanderungs- und Colonisations-Angelegenheit.)

„Verehrte Herren!

Vor einiger Zeit las ich in der „Allgem. Zeitung“ vom 8. Februar d. J. eine öffentliche Warnung gegen Auswanderung nach dem Innern der Provinz Rio de Janeiro. Wenn ich gleich den menschenfreundlichen Absichten bei dessen Abfassung gern Gerechtigkeit widerfahren lasse, so kann ich doch nicht umhin, im Interesse der wirklichen Sachlage an den ꝛc. Verwaltungsrath die folgende Bemerkungen ergebenst zu richten.

Erstens können dem Verwaltungsrath bei Veröffentlichung des erwähnten Artikels entweder keine oder bedeutend irrthümliche Mittheilungen über den Charakter der fünf Gutsbesitzer vorgelegen haben. Es sind diese Herren geborne Brasilianer von guter Familie und gediegener Erziehung: sowohl durch ihre Stellung als durch ihre Ehrenhaftigkeit stehen sie in allgemeiner Hochachtung. Es giebt zwar hier eingewanderte portugiesische Emporkömmlinge, deren mancher sich vom Lastträger zum Millionair — namentlich durch Sklavenhandel — emporgeschwungen; vor Solchen, deren Gewissen als Seelenverkäufer verhärtet, würde freilich so nöthig als verdienstvoll sein, zu warnen: auf jene Herren ist solches aber im Entferntesten nicht anzuwenden.

Zweitens scheint der Verwaltungsrath eine zuverlässige Kenntniß der Engagementsbedingungen nicht gehabt zu haben: indem ich daher eine solche Darlegung übermache, erlaube ich mir, insonderheit darauf hinzuweisen, daß der Kolonist nach 4 Jahren keinesweges einem Wucherzins von 18, ja 25 pCt. ausgesetzt ist, sondern für seine Schuld nur den „gesetzlichen Zins", hier 6 pCt., zu zahlen hat. Ebenso beruht es auf einem Irrthum, daß es dem Kolonisten „absolut verboten" sei, Handel zu treiben: zu solchem ist nur die Erlaubniß des Gutsherrn erforderlich, und daß diesem Vorbehalt eine sehr wohlgemeinte Absicht zum Grunde liegt, wird dem ꝛc. Verwaltungsrath schon aus der einzigen Hinweisung einleuchten, daß sonst leicht ein Spekulant Branntweinschenken anlegen würde, demselben aber wohl bekannt sein wird, wie sehr sich Ausländer in den tropischen Klimaten dem Trunke ergeben.

Drittens endlich würde der ꝛc. Verwaltungsrath das den engagirten Auswanderer erwartende Loos ohne Zweifel in einem ganz andern Lichte betrachtet haben, wenn eine vollständige Erwägung der zum Theil eigenthümlichen Kultur- und Handelsverhältnisse des Kaffees demselben zu Seite gestanden hätte. Es scheint dies nicht nur fraglich in Beziehung auf den Ertrag des Kaffeebaums, die Kosten seiner Unterhaltung, die erforderlichen Auslagen für diejenigen Manipulationen, welche dem Kaffee einen annehmbaren Werth zu verschaffen geeignet sind, und auf die Transportkosten und Verkaufscommissionen; sondern man muß, um ein Urtheil zu gewinnen, auch die Art und Weise kennen, in welcher in einem Platze des Welthandels, wie Rio, das Kaffeegeschäft betrieben wird, indem nämlich — sei es vermöge eines starken Bedürfnisses an Rückfracht oder für Mittel zu Retouren nach Europa, sei es, wenn in den Händen hiesiger Handlungshäuser sich laufende Ordres befinden, die im Verhältniß zum europäischen Markte sehr hoch stehen — der Kaffeehändler, der Geld in der Hand hat, für bereite Waaren mehr bietet, als sein Nachbar, und gleich baar zahlt, daher nicht selten Nachmittags zu höheren Preisen kauft, als er Vormittags verkauft hatte, manches Haus sogar nur an den Säcken verdiente, während es an der Waare selbst verlor. Bei solchem Treiben kann dem Pflanzer das Kaffeegeschäft dann ein ungemein vortheilhaftes werden, wenn er die augenblicklichen Zustände kennt und zu benutzen weiß: er wendet sich daher mit seiner Waare an den Meistbietenden, und zwar geschieht diese Art Licitation durch Commissionaire, denen man gern 2 bis 3 pCt. als Commissionsgebühren zukommen läßt. Gewiß wird nun der ꝛc. Verwaltungsrath nicht in Abrede stellen wollen, daß der Kolonist diese Wege nicht kennen kann, mithin bei persönlichem Handel außer Zeitverlust und theuerem Transport obenein von allen Seiten betrogen werden würde, wozu sich denn namentlich seine eignen Landsleute einfinden, um sich seine Unerfahrenheit zu Nutze zu machen; wogegen der Gesammtverkauf der Kaffeetransporte nur in dem handgreiflichen eigenen Interesse der Kolonisten selber liegt dem die Wahrnehmung der oben angeführten Umstände völlig unerreichbar ist. Ich bemerke hierbei nun noch, daß der mittlere Preis des Kaffees sich auf 3$000 Reis (2⅓ Thlr.) nach jetzigem Cours per Arroba (32 Pfd.) sich anschlagen läßt, und daß der Kaffee schon von Petropolis herab auf Lastwagen transportirt wird. Uebrigens kann insbesondere über die fünf Gutsbesitzer der Verwaltungsrath Erkundigungen bei dem Grafen von Oriolla einziehen, welcher sie persönlich kennt und sich über die „Warnung" in allen Zirkeln befremdet genug zeigte. Es dürfte vielleicht im Interesse des Verwaltungsraths liegen, dessen Bemerkungen, Wünsche und Befürchtungen mir mitzutheilen, und würde ich daher hierdurch darum bitten. Ich gedenke, demselben mit nächstem Packet nähere Details einzusenden, zumal ich eben noch die Nachricht hinzufügen kann, daß vor einigen Tagen ein Theil der Kolonisten angekommen ist. Es lagen nicht nur Dampfer bereit, welche sie sogleich weiter beförderten, was jetzt um so werthvoller war, da sie sonst dem gelben Fieber anheimfallen konnten, wie denn auch für Landtransport bereits gesorgt war; sondern es wurden ihnen auch — ein seltener Fall in Brasilien! — seitens des Zollamts keinerlei Hemmnisse in den Weg gelegt.

Sollte der Verwaltungsrath mir seinen diesfallsigen Wunsch zu erkennen geben, so bin ich ebenfalls bereit über das fernere Schicksal dieser Kolonisten zu berichten.

(gez.) Dr. G. de Capanema,
Professor an der Genie-Schule ꝛc.

II.

(Antwort des Verwaltungsraths des Central-Vereins nebst Votum.)

Geehrter Herr!

Auf die gefällige Zuschrift (ohne Datum) betreffend den Plan von fünf Grundbesitzern in der Provinz Rio de Janeiro, deutsche Auswanderer auf ihren Plantagen zum Kaffeebau zu engagiren, kann der unterzeichnete Verwaltungsrath des Centralvereins für die deutsche Auswanderungs- und Colonisationsangelegenheit nicht besser antworten, als wenn er Ihnen hierbei eine Abschrift des von dem betreffenden Referenten zu den Acten gegebenen Votums mittheilt, dem er im Princip und in den thatsächlichen Anführungen überall beipflichtet. Es wird dabei bemerkt, daß, abgesehen von dem Referenten, noch zwei Mitglieder im Verwaltungsrathe sitzen, welche die brasilianischen Verhältnisse durch langjährigen Aufenthalt in diesem Lande sehr genau kennen. Der Centralverein wird fortfahren, das verwerfliche Princip, auf welchem Werbungen der gedachten fünf Gutsbesitzer beruhen, energisch zu bekämpfen, und wird sich nur dann für eine Ansiedelung Deutscher in Brasilien aussprechen, wenn die von ihm geforderten Garantieen für die

Möglichkeit einer glücklichen Entwickelung derselben gegeben werden. Der Verwaltungsrath bemerkt dabei ausdrücklich, daß er keinesweges gegen Brasilien eingenommen ist, daß er im Gegentheil dieses Land für Diejenigen, welche doch einmal fest entschlossen zur Auswanderung sind, als vorzugsweise geeignet für Ansiedelungen erachtet, aber wohlbemerkt, nur dann, wenn jene Garantieen gegeben sind.

Wenn Sie behaupten, daß die „öffentliche Warnung" des Centralvereins dem Königlichen Ministerresidenten, Herrn Grafen von Oriolla, unerwartet gekommen sei, so ist dies möglich, weil der Verein mit demselben darüber nicht correspondirt, auch überhaupt keine Andeutungen von seiner Seite erhalten hat. Der Verwaltungsrath zweifelt aber nicht, daß der Herr Graf keinen Anstand nehmen wird, sich an geeigneter Stelle wenigstens für das Princip auszusprechen, was wir vertreten.

Wir glauben übrigens, daß Sie Nichts dagegen haben werden, wenn wir Ihr Schreiben, sowie unsere Antwort und das Votum unseres Referenten der Oeffentlichkeit übergeben, der ja ohnehin die ganze Angelegenheit verfallen ist.

Berlin, den 4. Juli 1852.

Der Verwaltungsrath des Centralvereins für die deutsche Auswanderungs- und Colonisations-Angelegenheit.

(gez.) Gaebler. v. Gluemer. v. Olfers. Krause. v. Seelhorst.

An
den Kaiserlich brasilianischen Professor
Herrn Dr. de Capanema
zu Rio de Janeiro.

Votum.

Das Schreiben (ohne Datum) des Herrn Professor de Capanema (früher Dr. Schüch) giebt dem Referenten zu folgenden Bemerkungen Veranlassung.

Bei der Durchlesung desselben fällt es zunächst auf, daß

Herr de Capanema von so vielem Nebensächlichen spricht und die Hauptsache, nämlich, das Loos der Kolonisten, kaum erwähnt. Setzte Herr de Capanema voraus, daß der Verein die wirklichen Verträge, welche mit den Leuten abgeschlossen worden, nicht genau kenne, so wäre es doch seine Pflicht gewesen, von denselben Abschriften, und zwar vom Königlich preußischen Ministerresidenten in Rio beglaubigte Abschriften, mit dem Attest desselben versehen, daß die Originale sich wirklich in den Händen der Deutschen befinden, dem Vereine vorzulegen. Es kann weder Herrn de Capanema noch der brasilianischen Regierung unbekannt sein, daß Herr Araujo durch die Vermittelung eines Herrn Froebel in Rudolstadt Entwürfe zu solchen Verträgen in Deutschland hat publiciren lassen, auf welche sich der Verein bei Erlaß seiner Warnung bezog; es kann ferner der brasilianischen Regierung nicht unbekannt sein, daß ein achtbarer Theil der deutschen Presse die Behauptung aufgestellt und wiederholt hat, daß den sogenannten Kolonisten, welche für die fünf Grundbesitzer angeworben waren, bei ihrer Ankunft in Hamburg die, nach dem von Froebel mitgetheilten Entwurfe vollzogenen und von Herrn Araujo unterschriebenen Kontrakte „aus den Händen gespielt" und ihnen dafür andere **ohne** Unterschrift des Gesandten eingehändigt wurden; eine Behauptung, welche nirgendwo als unrichtig nachgewiesen, ja nicht einmal als unrichtig bestritten worden. Die Ehre der fünf Grundsitzer, die Ehre des Herrn Araujo, die Ehre der brasilianischen Regierung selbst ist dabei so stark betheiligt, daß die Genannten und Herr de Capanema, ihr Vertheidiger, Nichts weiter und nichts Besseres thun können, als in der vorhin angegebenen Weise die in den Händen der Angeworbenen wirklich vorhandenen Kontrakte zu produciren und dem Königlich preußischen Gesandten in Rio die Mittel darzubieten, vollständige und zuverlässige Recherchen, bei den Angeworbenen selbst, in Bezug auf diese Thatsachen machen zu lassen. Bis dahin, daß dies geschehen, nützen alle Reden des Herrn Professor de Capanema,

„daß der Verein nicht zuverlässige Kenntniß der Engagements-Bedingungen gehabt habe", absolut Nichts.

Den Charakter der fünf Gutsbesitzer hat der Verwaltungsrath in seiner Warnung nicht im Mindesten angetastet. Es ist das Princip und Nichts als das Princip, welches der Verein verdammt; denn dieses Princip führt freie Deutsche in das Verhältniß brasilianischer Leibeigenschaft, gewährt den Emigranten nicht entfernt die feste und zuverlässige Aussicht, selbstständige, unbevormundete, den freien Brasilianern in jeder Hinsicht gleichgestellte Staatsbürger zu werden und ein freies Grundeigenthum zu besitzen.

Was die Ehrenhaftigkeit der fünf Grundbesitzer betrifft, so hat sich der Verwaltungsrath nicht erlaubt, dieselbe zu bezweifeln; daß aber die fünf Grundbesitzer mit den Deutschen ein gutes Geschäft zu machen beabsichtigen, und zwar zunächst in ihrem rein persönlichen Vortheil, wird Herr de Capanema nicht leugnen können und wollen. Was diese Sorte Geschäfte betrifft, so hat man davon Proben. Ich erinnere nur an das Geschäft der vier großen Grundbesitzer in der Provinz Rio de Janeiro, welche jene Deutschen, die das Haus Delrue u. Comp. auf Veranlassung des Präsidenten der gedachten Provinz geworben hatte, gegen eine Prämie der Regierung von circa 200,000 Millreis auf ihren Plantagen ansiedelten. Herr de Capanema würde wohlthun, dieses Geschäft von der Seite, wie es für Die, welche der Gegenstand desselben waren, ausgefallen, etwas näher zu betrachten, denn es ist für das in Rede stehende Geschäft seiner Analogie wegen denkwürdig. Auch diese vier Herren waren „geborne Brasilianer von guter Familie und gediegener Erziehung", wie sie bei den Brasilianern nur irgend zu finden ist. Aber selbst die brasilianische Presse hat seiner Zeit in beredten Worten jenes Geschäft mit den Deutschen als „einen Handel mit weißen Sklaven" bezeichnet und gebrandmarkt. Zu lange haben die Deutschen langmüthig zu dergleichen brasilianischen Geschäften geschwiegen, ein Schweigen, das dem deutschen Charakter in

Brasilien eben keine Achtung zugezogen hat, dergestalt, daß selbst Söhne von deutschen Vätern und von deutscher gediegener Erziehung in Brasilien ihren ehrlichen deutschen Namen abzulegen für gut befunden haben.

Herr Professor de Capanema wird in Betreff der Contracte, welche jene fünf Grundbesitzer mit den Deutschen abgeschlossen haben, vor allen Dingen den Beweis zu führen haben, daß diese Kontrakte ihrer Form und ihrem Inhalte nach und obwohl im Auslande vor keiner richterlichen Behörde oder in Deutschland dazu befugten Autorität abgeschlossen, nach brasilianischen Gesetzen volle verbindliche Kraft nach **beiden** Seiten für die kontrahirenden Theile haben. Es giebt im Verwaltungsrath Personen, welche mit brasilianischer Justiz ziemlich genau, zum Theil aus eigener Erfahrung sehr genau, bekannt sind und an der juristischen Verbindlichkeit dieser Verträge gewichtige Zweifel haben. Wie selbst Verträge, welche auf weit solideren Grundlagen beruhten, als die in Rede stehenden, in Brasilien gehalten werden, darüber ist die civilisirte Welt längst sattsam unterrichtet. Ich erinnere nur daran, daß dem Marschall Braun, so wie einer Menge sehr tüchtiger Ingenieur-, See- und Linien-Officiere, welche im Vertrauen auf die Bestimmungen des brasilianischen Staatsgrundgesetzes und unter besondern Gewährleistungen eines brasilianischen Geschäftsträgers in brasilianische Dienste getreten, durch Patente, vom Kaiser eigenhändig unterschrieben und vom Kriegsminister contrasignirt, alle Gerechtsame, Vorrechte, Freiheiten und Vortheile vollkommen genau in derselben Weise, wie allen übrigen Officieren des brasilianischen Heeres und der Flotte feierlichst verbürgt worden, daß aber trotzdem und alledem, und trotz des Artikels der Constitution, der ausdrücklich den Officieren den Besitz ihrer Stellen und Patente verbürgt, dieselben ohne die geringste Entschädigungsleistung, ohne den mindesten Dank für große im Kriege und Frieden geleistete Dienste und ohne richterlichen Urtheilsspruch, 1830 entlassen wurden. Wo es gilt, Blut und Leben für Brasiliens Ehre und Wohlfahrt zu wagen, oder wenn ein lucratives Geschäft mit deutschen Kräften zu machen ist, wendet man sich an die Deutschen. Als der Krieg der zwanziger Jahre beendigt war, fanden die brasilianischen Kammern, in denen der große Grundbesitz vorzugsweise repräsentirt ist, es sehr vortheilhaft, sich der verdientesten Officiere in der allerwohlfeilsten Weise zu entledigen; als 1850 aufs Neue der Krieg mit Buenos-Ayres vor der Thür war, hatte man die edle Dreistigkeit, trotz alles früher Geschehenen, sich abermals an Deutschland zu wenden, diesmal, um das unverdiente Unglück tapferer Männer zu benutzen und es eigensüchtig auszubeuten. Officiere, welche eine lange, ehrenvolle Laufbahn hinter sich hatten, vertrauten den neuen brasilianischen Verheißungen. Wenn sie nach kurzer Zeit sich genöthigt gesehen, ihren Abschied zu fordern, „weil sie es unter ihrer Würde und unter ihrem Stande hielten, eine solche Behandlung, wie die, welche ihnen zu Theil geworden, sich gefallen zu lassen", so charakterisirt dies die brasilianischen Zustände hinlänglich. Man hat, wie die Zeitungen berichten, sich beeilt, das deutsche Corps aufzulösen und unter die farbigen, elend besoldeten und unmenschlich geprügelten Truppen zu vertheilen, und zwar **gegen** die von dem brasilianischen Bevollmächtigten, einem ehemaligen Minister, ausdrücklich gegebenen Zusicherungen. Die Intrigue, welche in Brasilien ihre wahre Heimat hat, hatte bald das Mittel erdacht, sich der Deutschen zu entledigen, als ihre Dienste nicht mehr nöthig schienen. Wie es heißt, beabsichtigt man die deutschen Soldaten später in der Provinz Espirito Santo, eine der heißesten und unwirthbarsten Brasiliens (gegen die Botocuden?), anzusiedeln. Herr de Capanema, welcher die deutsche Natur kennt, wird zugeben müssen, daß dies die beste Art wäre, den größten Theil dieser Leute rasch aus der Welt zu schaffen. In Rio Grande, wo das Klima den Deutschen zusagt, scheint man sie nicht gern zu haben; sie würden dort allmälig zu Wohlstand gelangen und könnten hoffen, entweder selbst oder ihre Kinder im Parlamente Brasiliens oder in der Provinzial-Versammlung neben „dem geborenen Brasilianer von guter Familie und gediegener Erziehung zu sitzen! Das wäre sehr betrübend für ein ächtes Filho da terra, wenngleich sich unter den deutschen Officieren, wie Herr de Capanema sehr wohl wissen wird, Männer befinden von sehr gediegener Erziehung und aus weit älteren Familien, als die des jungen Kaiserreiches.

Doch weshalb soll ich an alle Thatsachen erinnern, welche einen so breiten Schatten auf die brasilianische Politik und Philanthropie werfen. Herr de Capanema selbst kennt zu genau die Corruption im brasilianischen Gerichtswesen und in der Verwaltung, als daß er es mit gutem Gewissen unternehmen könnte, Beweise vom Gegentheil beizubringen. Sollte er es jedoch versuchen, so bin ich erbötig, jedem von ihm angeführten Falle einen oder auch ein paar schlagende Fälle entgegenzustellen. Es muß aber an diese inneren Zustände erinnert werden, wenn von Verträgen zwischen reichen brasilianischen Gutsbesitzern „von guter Familie" und armen deutschen Einwanderern — brutos Colonos in der brasilianischen Umgangssprache — die Rede ist.

In dem Zeitraume von nunmehr bald dreißig Jahren habe ich die Ereignisse und Verhältnisse in Brasilien im Stillen aufmerksam verfolgt, denn ich hatte den Muth, zu hoffen, daß dort inzwischen eine Generation aufwachsen würde, welche der Freiheit würdig sei, die der erste Kaiser diesem schönen Reiche verliehen, und welche die vom Kolonialjoche eben befreiten Väter so schlecht zu brauchen wußten. Die neuesten Werbungen von 1850 für das Heer, die Werbungen für die Grundbesitzer, die Werbungen für den Urwald in Rio Grande und zu Vorposten gegen die Wilden, die Absperrung der Kolonie San Leopoldo gegen neue deutsche Einwanderer, die neuesten Maßnahmen zur Unterdrückung der deutschen Sprache in der Kolonie, und damit die indirekte Verhinderung der Aneignung einer gründlichen Bildung für die Deutschen, die Begünstigung österreichischer Jesuiten in der Kolonie San Leopoldo, um den Protestanten daselbst ihren Glauben zu verkümmern, die Nichtausführung des von den Kammern beschlossenen Gesetzes über die Vermessung und den Verkauf des unbesetzten Landes und die freche Sprache bezahlter brasilianischer Agenten in Deutschland müssen Jeden, der ein deutsches Herz und Mitgefühl mit seinen Stammesgenossen hat, nöthigen, diesem Treiben der Brasilianer entgegen zu treten. Auch Herr de Capanema selbst wird bei der ihm beiwohnenden Kenntniß des Landes seiner Väter einsehen, daß der Deutsche zu gut ist für die Rolle des Leibeigenen brasilianischer Pflanzer, oder um als Kanonenfutter angewendet zu werden, wenn äußere oder innere Feinde den Bestand des Kaiserreichs in Frage stellen. Man gewähre dem Deutschen alle Freiheit und alle Rechte, welche der „geborene Brasilianer", d. h. in das brasilianische Idiom übersetzt, der weiße Abkömmling von Altportugiesen, genießt, begünstige ihn, den eigenen Boden für sich zu bauen, wie man den großen Grundbesitzer hierin begünstigt, man höre auf, in Brasilien von „deutschen Kolonien" und „deutschen Kolonisten" als einer untergeordneten, halb geduldeten Klasse zu reden, sondern betrachte den Gutsbesitzer deutscher Abkunft mit denselben Augen als den Gutsbesitzer portugiesischer Abkunft — denn deutsches Blut ist wenigstens eben so rein und edel, als portugiesisches, und deutsche Bildung steht, wie Herr de Capanema jedenfalls anerkennen wird, unendlich höher, als brasilianische —, führe das Gesetz über unbesetztes Land ehrlich aus, schaffe eine unparteiische Rechtspflege, ordne die deutschen Landbewohner nicht einer exceptionellen Verwaltung unter, und man wird in mir den warmen Freund Brasiliens wiederfinden, der ich es bis zu den Wiederholungen früherer, laut genug getadelter Unbilden, namentlich bis zu den Werbungen eines Rego Barros, eines Araujo und Anderer gewesen bin, auch kann dann Herr Professor de Capanema, wie ich glaube versichern zu dürfen, vor allen Warnungen des Central-Vereins unbesorgt sein.

Um jedoch noch auf einige Auseinandersetzungen im Schreiben des Herrn de Capanema zurückzukommen, so hat es mich gefreut, zu hören und zu lesen, daß 6 pCt. der gesetzliche Zinsfuß in Brasilien sei. Es ist nur Schade, daß dieses Gesetz in Brasilien, wie so viele andere, entweder sehr wenig bekannt ist, oder doch nicht wirksam ausgeführt wird. Welche Bank z. B. giebt an Jeden gegen hypothekarische Sicherheit Kapitalien für diesen Zinsfuß? Nach meinen Nachrichten blüht das Wuchergeschäft selbst in Rio unter den Augen der höchsten Behörden, noch eben so schön als früher zu meiner Zeit, und damals konnte man sich glücklich schätzen, wenn man gegen sehr gute Sicherheit zu 18—25 pCt. Zinsen ein Darlehn erhielt. — Der höhere Zinsfuß als 6 pCt. ist sonach wenigstens gesetzlich erlaubt, und deshalb erscheint der Ausdruck „gesetzlich" in den hier publicirten Bedingungen wenigstens zweideutig, weil er entweder „gesetzlich erlaubt" oder „beim Mangel kontraktlicher Bestimmung gesetzlich vorgeschrieben" bedeuten kann. Daß aber die Herren Grundbesitzer den ersteren Sinn damit verbunden haben, dafür muß die Vermuthung sprechen. Denn warum haben sie es denn unterlassen, bestimmt und genau anzugeben, welchen Procentsatz sie sich als Zinsen berechnen wollen? Sie hatten in Zahlen anzugeben, was sie in Brasilien unter gesetzlichen Zinsfuß verstehen und den deutschen Tagelöhner nicht durch zweideutige Ausdrücke in Gefahr zu bringen. Die Gutsbesitzer werden den deutschen Arbeitern auch alle Bedürfnisse liefern; wer aber bürgt dafür, daß diese Lieferung nicht mit Absicht auf Gewinn geschehe? In Geldsachen, sagt ein deutscher Finanzmann, hört alle Gemüthlichkeit auf, und um nur ein Beispiel anzuführen, erinnere der Verwaltungsrath den Herrn de Capanema nur an die skandalösen Lieferungen des verstorbenen Major Köhler in Petropolis unter der Aegide einer der höchsten Hofchargen des Kaiserlichen Hofes. Es ist zu verführerisch, die armen Leute, welche gegen einen so unbedeutenden Vorschuß, als die Transportkosten — die kaum den vierten Theil des Preises eines Negro bruto betragen — dem Gutsbesitzer so ansehnliche Revenüen bringen, viele Jahre, wenn irgend möglich, für immer, in unterthäniger Abhängigkeit zu erhalten. Dagegen schützt selbst die ehrenhafteste Ehrenhaftigkeit nicht, und selbst angenommen, der gegenwärtige Senhor ließe sich durch solchen Anreiz — und Geldmachen überwindet, wie Herr Professor de Capanema genau wissen wird, bei manchen, selbst hohen brasilianischen Beamten viele Skrupel, wie ich an manchem interessanten Beispiel zeigen könnte, — nicht verlocken, welche Garantie kann der Herr Professor nachweisen, daß die Erben des Senhor oder seine Intendanten ebenso gewissenhaft sein werden?

Es ist ein verwerfliches Princip, das vielleicht lebenslängliche Schicksal armer Kolonisten von der zufälligen Gemüthsbeschaffenheit der Plantagenbesitzer oder ihrer an Sklaven gewöhnten Intendanten abhängig zu machen, und gegen dieses Princip muß man sich mit aller Energie erklären.

Herr de Capanema sagt ferner: es sei den sogenannten Kolonisten nicht absolut verboten, Handel zu treiben, sondern es sei nur gemeint, ihnen solchen Handel zu untersagen, der den Ausländern im tropischen Klima zum Nachtheil gereichen könnte. Der Herr Professor wird aber zugeben, daß es sehr nothwendig gewesen wäre, in den Kontrakten — ihre Gültigkeit vor den Gerichten überhaupt immer vorausgesetzt — ganz genau anzugeben, welche Art Handel die Kolonisten nicht treiben dürfen; denn jede Erlaubnißeinholung involvirt auch die Möglichkeit eines Verbots, und so lange dieses Verbot von dem bon plaisir des Plantagenbesitzers abhängt, ist es für die Kolonisten so gut, als ein absolutes. Hat z. B. der Senhor eine Venda, wo seine Cachaça (junger Rum) verkauft wird, so könnte es ihm leicht unangenehm sein, wenn ein Deutscher anderwärts die Cachaça billiger einkaufte und dem Senhor Concurrenz machte. Solche Zwangsgerechtigkeiten haben wir in Deutschland lange genug gekannt; sind sie nun auch in Brasilien bis jetzt noch nicht gesetzlich, so könnte man sie doch durch solche Kontraktsbestimmungen thatsächlich einführen, und die Gesetzgebung (wieder nur von den Senhores und nicht von den armen Consumenten abhängig) folgt dann gelegentlich nach. Es ist nirgend ausgesprochen, daß die Senhores auch den Leuten direkt verbieten und erlauben können, was sie essen und trinken dürfen. Sind nun die Leute zum Branntwein geneigt, so werden sie sich denselben um so leichter verschaffen können, da fast jede Plantage Branntwein brennt; die vorgeschobene philanthropische Absicht wird also gar nicht oder sehr unvollständig zu erreichen sein, es sei denn, daß der Senhor dafür sorgt, daß die Leute nie einen baaren Groschen in Händen haben. Der Senhor will aber auch die Güte haben, den Leuten alle andern Bedürfnisse zu liefern, und Herr de Capanema wird zugeben müssen, daß dieses Vorrecht, verbunden mit dem Vorbehalt, allen und jeden Handel, den der Senhor nicht will, verbieten zu können, ein Monopol, und zwar der ungeheuerlichsten Art involvirt. Die brasilianischen Senhores mögen es nicht übel nehmen, wenn ein Deutscher diese Erlaubnißertheilung zu jedem Handel „auf gut deutsch" als einen brasilianischen Pfiff bezeichnet, lediglich erdacht, um jeden möglichen Profit zu machen und die armen Leute so lange, als nur irgend möglich, in Abhängigkeit von sich zu erhalten.

Ueber die übrigen Punkte der Contracte wollen wir weiter reden, wenn die wirklichen Contracte uns vorliegen werden, und, wie gesagt, die Herbeischaffung derselben in der obengedachten Weise ist nunmehr für Herrn de Capanema, für die brasilianische Regierung und für die betheiligten Plantagenbesitzer eine Ehrenpflicht geworden.

Was die gewundenen Bemerkungen des Herrn de Capanema über den Kaffeehandel betrifft, so mag das Geschäftsverfahren in Rio ihm, dem Professor, immerhin als etwas Apartes erscheinen; wer sich aber um den Handel auf den verschiedenen großen Handelsplätzen einigermaßen bekümmert hat, kann in dem Kaffeehandel Rio's keine besondere Eigenthümlichkeit entdecken. Wie ich das Geschäft in Rio kennen zu lernen Gelegenheit gehabt, so sind nicht wenige Plantagenbesitzer in Minas, Rio de Janeiro und St. Paul in den Händen der Kaufleute und genöthigt, ihre Ernte ganz oder theilweise, ganz comme chez nous, im Voraus zu verkaufen. Der alte Herr Fröhlich in St. Christovao bei Rio, wenn er noch lebt, könnte dem Herrn Professor darüber sehr genaue Aufschlüsse ertheilen Auch die Berechnung des Gewinnes, die Herr de Capanema mittheilt, laborirt an großer Oberflächlichkeit. Auch davon erwähnt Herr de Capanema Nichts, daß den armen Arbeitern (nach dem Entwurf, den Froebel mittheilt) für jede Arroba Kaffee, die sie sammeln und die auf den Markt gebracht wird, (wohlgemerkt, von allem Kaffee, den sie für sich und den Senhor sammeln, wenigstens läßt der Kontrakt vorzugsweise diese Deutung zu), 200 Reis, d. i. nach dem Cours, den Herr de Capanema angenommen hat, 4 Sgr. 8 Pf. preuß., Maschinengebühr abgezogen werden soll!!

Nach meiner Kenntniß von der Sache halte ich mich für vollkommen überzeugt, daß selbst bei der zuletzt erwähnten exorbitanten Abgabe an den Senhor die Leute ein besseres Geschäft machen würden, wenn sie ihren Antheil an dem Erzeugniß in natura bekämen und selbst verkauften, statt den Senhor, oder vielmehr seine Intendanten, zum Vermittler zu haben. Sie würden hierzu auch viel leichter gelangen, als Herr de Capanema glauben machen will: denn die Aufkäufer würden die Waare von ihnen abholen und sie so jeder Mühe entheben. Freilich wäre es möglich, daß die Arbeiter dann leicht eine unangenehme Concurrenz dem Herrn machen könnten! —

Doch über die Bevormundung im Handel und Leben kann man sehr verschiedener Ansicht sein; das Eine ist dabei nur merkwürdig, daß Diejenigen, welche bei der Ausübung einer solchen Bevormundung ein gutes Geschäft machen können, sich so zärtlich dafür eingenommen zeigen; wenn sie aber selbst, auch nur dem Anscheine nach, unter eine Bevormundung kommen könnten, den gewaltigsten Lärm über Beschränkung der persönlichen Freiheit und des freien Dispositionsrechts erheben, wofür auch die Annalen der brasilianischen Kammern und die brasilianische Presse zahlreiche Beispiele enthalten.

Was den in Rede stehenden Kaffeehandel betrifft, so begreife ich die Zärtlichkeit der Gutsbesitzer für das Einstreichen des Geldes ihrer sogenannten Kolonisten, welches diese im Schweiße ihres Angesichts verdient haben, um so besser, als es den Letztern ja bei der großen Unsicherheit, welche in so vielen Gegenden Brasiliens herrscht, wie noch die neuesten brasilianischen Zeitungen erzählen, bei der so total gesunkenen Moralität der Bevölkerung im Allgemeinen (in einem Monat d. J. waren allein drei Vatermorde zur Kenntniß der Behörden gekommen, und im „frommen Bahia par excellence" meldeten sich 4 bis 5000 Erwachsene und Minorenne in drei Tagen als ungetauft, als das bekannte Edikt über Einregistrirung der Geborenen und Verstorbenen in Kraft treten sollte) sehr leicht gestohlen werden könnte, und das Geld um so sicherer in den Händen des „Herrn" ist, als derselbe sich selbst damit seine Lieferungen immer prompt bezahlen kann.

Endlich aber darf man wohl fragen: Warum sollen die Kolonisten denn nur Kaffee bauen? Wären sie freie Eigenthümer, so würden sie gewiß Gelegenheit finden, durch Erzeugung mancher anderer der so mannichfaltigen Bodenprodukte jenes gesegneten Landes sich besser zu stehen. Sie könnten bei der Nähe von Städten ihre Feld- und Gartenfrüchte, Medicinalpflanzen, die Erzeugnisse der Viehzucht und manche ihrer Industrieen unzweifelhaft viel höher verwerthen und sich ein glücklicheres Loos schaffen. Das aber ist gerade der Fluch dieses Systems, daß ihr freier Wille gebrochen wird und sie sich wie mit Sklavenketten an eine Kultur gefesselt sehen, die der Senhor zufällig in seinem Interesse findet.

Es ist wahr, wie Herr de Capanema sagt, die Gutsbesitzer haben sich beeilt, ihre deutsche Beute eiligst nach deren Ankunft auf ihren Besitzungen in Sicherheit zu bringen, so eilig, wie man sagt, daß ihnen nicht die geringste Zeit verstattet wurde, sich in dem gesunden Petropolis umzusehen, ihre Landsleute daselbst zu sprechen und von deren Wohlhabenheit (!), die ihnen ein so elender Boden, wie der von Petropolis, gewährt, Kenntniß zu nehmen, ein Boden, den die Regierung, welche noch Tausende Quadratmeilen nicht vergebenes Land besitzt, durch die obenerwähnte Prämie übertrieben theuer bezahlt hat. Man könnte dieser Eile auch andere als philantropische Motive zuschreiben; aber es sei dem, wie es wolle, die Zeit wird lehren, ob diese sogenannten Kolonisten je freie Besitzer eines freien Eigenthums werden, trotz ihrer schweren Arbeit, welche ihre Herren bereichert.

Und nun noch einige Fragen an den Herrn Professor de Capanema, deren Beantwortung von großem Interesse sein dürfte. Warum führt die brasilianische Regierung nicht das Gesetz über unbebautes Land in freisinniger Weise aus, wenn es ihr mehr um die Kultivirung ungeheurer, öder Landstrecken, als um die Bereicherung ihrer Gutsbesitzer „von guter Familie“ zu thun ist? Aus welchen Gründen hat die brasilianische Regierung das treffliche Gutachten der Commission für Statistik ɔc., welches dieselbe über die für uns schmachvolle Proposition: Proletarier aus Europa kommen zu lassen, um Arbeiter für die Plantagenbesitzer zu gewinnen, abgegeben hat, unbeachtet gelassen? Welche Gesetze und Verordnungen bestehen in unzweifelhafter Wirksamkeit über die gewissenhafte und zuverlässige Einregistrirung der Geburten und Todesfälle, Regulirung des Nachlasses der Kolonisten und Aushändigung desselben an deren Verwandte in Deutschland? Wie können sich die Erben versichern, daß die Berechnung des Herrn oder seines Intendanten vollkommen gewissenhaft in aller Ordnung und Richtigkeit ist? — Bei der Verbindung des Herrn Professor Dr. de Capanema mit der Regierung und den fünf Grundbesitzern dürfte es demselben leicht sein, diese Fragen mit gehöriger Präcision zu beantworten.

Zum Schluß noch folgende Bemerkung:

Die Warnung des Centralvereins geht überall von richtigen Ursachen aus und ist vollkommen begründet. Wäre aber auch wirklich etwa eine nebensächliche Bemerkung nicht bis auf den Punkt über dem i genau, so käme es darauf doch gar nicht an. Es ist das Princip, was hier in Frage kommt. Alle Thatsachen von 1824 bis auf den heutigen Tag, welche die brasilianischen Werbungen jeder Art geliefert, hat man hier achtsam verfolgt und erwogen, und man kann nicht anders, als sich gegen ein System erklären, das unter der heuchlerischen Maske der Philanthropie die fluchwürdigste Ausbeutung deutscher Kräfte zum Ziel hat und darauf gerichtet ist, im Bunde mit der Sklaverei in krassester Gestalt in Brasilien eine neue rechtlose, lediglich von dem bon plaisir großer Grundbesitzer abhängige Klasse Proletarier deutschen Stammes zu schaffen, welche einer neuen Aristokratie zum Fußschemmel dienen und, wenn der katholische Sklave in der Kenntniß des Schreibens Sr. Heiligkeit Gregor XVI vom 3. November 1839, in welchem das Oberhaupt der katholischen Kirche jeden Menschenhandel als eines Christen unwürdig verdammt und verbietet, einst Miene machen sollte, sein Menschenrecht wieder zu fordern, helfen soll, ihm die Ketten, wenn möglich, noch enger anzulegen, während er selbst durch das Gesindel, welches man auf den Straßen zu Soldaten preßt, in ewiger und verächtlicher Unterthänigkeit gehalten werden soll. Leibeigenschaft in dem Begriffe, wie sie in den finstersten Zeiten in Deutschland bestand, ist nicht mit der Lage vergleichbar, in welche die Deutschen auf gutsherrlichem Boden in Brasilien unter solchen Bedingungen und bei den dort vorhandenen Einrichtungen und Zuständen gerathen können und sicher gerathen würden, wenn nicht dem Unfug bei Zeiten Schranken gesetzt werden. Auch in Nordamerika bestand früher, aber wohl gemerkt, unter dem Schutze des Gesetzes, die Einrichtung, daß ein Gutsbesitzer sich Leute auf seine eigene Kosten aus Europa kommen lassen konnte; aber das Gesetz verfügte auch ganz bestimmt, daß keine kontraktliche Verpflichtung der Art über eine gewisse Zeitdauer für den Ankömmling bestehe. Trotzdem sah man sich wegen der vielen Mißbräuche, die mit dieser Art Colonisation in Verbindung erschienen, genöthigt, alle derartigen Arrangements für nichtig zu erklären. Wir haben keinen Grund, den nordamerikanischen Grundbesitzer für weniger liberal, weniger ehrenwerth, weniger rechtsliebend zu halten, als den brasilianischen; aber wir haben genügende Gründe, zu behaupten, daß die Achtung vor Verträgen, die öffentliche Moral, die Rechtspflege und Verwaltung in Nordamerika unendlich höher stehen, als in Brasilien, und wir fürchten daher um so mehr für das Loos unserer Landsleute in Brasilien. In diesem Lande muß sich Vieles zum Bessern kehren, wenn sich ihm das Vertrauen zuwenden soll.

K.

Gedruckt bei Julius Sittenfeld in Berlin.

Druckfehler.

Seite 17, Zeile 17 von oben: statt „meiner“ lies: meine.
» 32 » 11 » unten: statt „48,149“ lies: 28,149.

FSC
www.fsc.org
MIX
Papier | Fördert
gute Waldnutzung
FSC® C083411

Kolibri 360 GmbH
Ferdinand-Jühlke-Straße 7
99095 Erfurt, Deutschland
produktsicherheit@kolibri360.de